D1700553

Zweiter Anlauf

Ukrainische Literatur heute

Herausgegeben von Karin Warter und Alois Woldan

Aus dem Ukrainischen von Alois Woldan
und Roman Dubasevych

Verlag Karl Stutz
Passau 2004

Das Erscheinen dieses Buches wurde ermöglicht durch die
Unterstützung von:

Förderverein des Osteuropainstituts Regensburg – Passau e.V.
Generalkonsulat der Republik Österreich, München
Europaeum der Universität Regensburg
KunstKnoten e.V. Regensburg
donumenta Regensburg e.V.

Sämtliche Übersetzungen aus dem Ukrainischen stammen von
Alois Woldan, mit Ausnahme von Mykola Rjabtschuks Erzählung
„Die Bleibe" und dem Romanauszug *„Maßlose Tage"* aus Taras
Prochaskos *Neprosti*, die von Roman Dubasevych ins Deutsche
übertragen wurden.

VORWORT

„Schon als Mädchen wußte ich, daß ich einer Nation angehörte, die ihre eigentliche Existenz der Literatur verdankte", schreibt die ukrainische Autorin und Philosophin Oksana Sabuschko – bereits nach der Unabhängigkeitserklärung der Ukraine im Jahre 1991. Dies sei an sich nicht so ungewöhnlich für „kolonialisierte Völker ohne eigene Geschichte", deren wichtigstes Ventil für das unterdrückte Zusammengehörigkeitsgefühl die Sprache darstelle. Doch auch mit der Sprache hat es seine Bewandtnis: Wenngleich das Ukrainische immer wieder kurze Blütezeiten und Möglichkeiten kultureller Entfaltung erlebte, bleibt seine Geschichte zurückreichend bis ins 17./18. Jahrhundert von der Verdrängung durch das Polnische (Statusverlust) und das Russische (bis hin zu Unterdrückung und Sprachverbot) geprägt – wodurch die ukrainische Literatur in besonderem Maße Ausdruck der kulturellen Eigenständigkeit war und ukrainisch schreibenden Schriftstellern auch die Rolle von Propheten, Erlösern, Märtyrern und (National)Helden zuwuchs.

Die Ukraine hat inzwischen Eigenstaatlichkeit erlangt, ist nicht mehr ausschließlich „sprachliche Nation" (Sabuschko), und Ukrainisch ist offizielle Amtssprache. „Wir [die Dichter] haben Charisma verloren, doch wenn das der Preis für die Freiheit der Dichtung ist, dann zahle ich ihn mit Begeisterung" konstatiert Oksana Sabuschko in einem weiteren Essay aus den 90er Jahren. Und eben jene Begeisterung ist unter den ukrainischen Schriftstellern, vor allem auch der jüngeren Generation, deutlich zu spüren. Die gegenwärtige Literaturszene in der Ukraine ist ausgesprochen lebendig, und man gewinnt durchaus den Eindruck, daß die ukrainischen Schriftsteller einen gewissen Kultstatus (eben doch) nicht ganz eingebüßt haben – so erfreuen sich einige Autoren gerade auch unter den jüngeren ukrainischen Lesern großer Popularität: wie der studierte Biologe und Schriftsteller Taras Prochasko, der sich sein Leben schon durch Arbeit in der Forstwirtschaft, als Schullehrer, in einer Galerie, bei einer Zeitung, beim Fernsehen, als Wächter und Barkeeper verdingte und eine besondere Vorliebe für die Karpaten hat, in denen er wandernd umherstreift. Oder der derzeit auch im Ausland wohl bekannteste ukrainische Schriftsteller und Essayist Juri Andruchowytsch, der mit seiner Dichterformation Bu-Ba-Bu schon ab den späten 80er Jahren öffentlichkeitswirksame karnevalistische Lesungen veranstaltete.

„Die Literatur erlangte ihre Freiheit und zeigte sich sehr wohl imstande, trotz jahrzehntelanger ideologischer Nötigung mit der erlangten Freiheit umzugehen – anders als es bisher die Gesellschaft vermochte" schreibt der junge Schriftsteller und Germanist Timofi Hawryliw und bringt gegen Ende seiner Ausführungen auch die (postsowjetische) ukrainische Identitätssuche ins Spiel, die in Anlehnung an das Europäische stattfinde: „Die ukrainische Literatur feiert ihre Rückkehr nach Europa, allerdings weiß Europa so gut wie nichts davon."

Die Ursache dafür, daß die ukrainische Literatur auch in Deutschland nur wenig Beachtung erfährt, ist wohl nach wie vor darin zu sehen, daß sie kaum von der russischen Sprache, Literatur und Kultur unterschieden wird. Zudem ist auch die heutige Ukraine keineswegs ein sprachlich ‚homogener' Nationalstaat. Sie ist ein Land, in dem Ukrainisch (vor allem in der Westukraine) und – immer noch – Russisch (in der Ostukraine) gesprochen und geschrieben wird, ein Großteil ihrer Bewohner ist zweisprachig.

Die Ukraine hat es also mit dem Wahrgenommen-Werden als eigene Kultur mit einer eigenen Sprache besonders schwer – auch im Vergleich zu anderen mittel- und osteuropäischen Ländern. Umso erfreulicher, daß sie bei dem Regensburger Kunst- und Kulturprojekt „donumenta", das sich zum Ziel gesetzt hat, jährlich ein Donauland mit seinem aktuellen Kunst- und Kulturleben zu präsentieren, im Jahre 2003 den Auftakt bildete. Fünf der in dieser Anthologie vertretenen Schriftsteller – die allesamt ukrainisch schreiben – waren im Oktober 2003 in Regensburg und gaben in der zweisprachigen Lesung eine literarische ‚Kostprobe' ihres Schaffens. Die Resonanz war groß, und der eine oder andere Text hat auf Wunsch einiger Zuhörer inzwischen als profaner Computerausdruck seinen Leser/ seine Leserin gefunden. Wir freuen uns, durch die Förderung engagierter Einrichtungen nun, ein Jahr später, die damals vorgestellten Texte – um weitere AutorInnen und Texte ergänzt – in Buchform einem größeren Leserkreis zugänglich zu machen. Vielfältig sind die – oftmals auch wie-

derkehrenden – Themen und Motive, auf die der Leser/ die Leserin bei Lektüre der Texte stoßen wird:

Die Bergwelt der Karpaten, deren gleichbleibender, elementarer Urgewalt die Zeit nichts entgegenzusetzen hat – sie ist inten-
siv erlebter Raum in einigen Gedichten Halyna Petrosanjaks (und
dort vielleicht auch Chiffre für eine gewisse Unveränderbarkeit
des Lebens); die Karpaten sind auch Schauplatz in Taras
Prochaskos Roman „Neprosti", der eine – wie er selbst sagt –
„moderne Lesart dieser Region" liefern will; in seinem sinnlich-
dichten Text, der die wache Achtsamkeit beschwört und bei dem
mit Kamera ‚bewaffnete' Auftragskiller an dem Mangel derselben
ums Leben kommen, verschmelzen Naturlandschaft und Mensch,
Zeit und Raum.

Die geschilderten Stadträume der Westukraine, Galiziens, hingegen erzählen von ihrer wechselvollen Geschichte, tragen Spuren
vergangener Zeiten und gemahnen an das Schicksal dieser Region,
sind – wie in Hawryliws athmosphärischem Text *Faun im Herbst* –
vom Verfall gezeichnet. Gleichzeitig ist es gerade das galizische
Erbe, die k.u.k.-Zeit, als noch Ukrainer, Polen, Juden und Öster-
reicher diese Region bevölkerten, das bei der gegenwärtigen westukrainischen Identitätssuche wiederbelebt wird. Auf der Suche
nach der Vergangenheit, nach der verlorenen Zeit, sind auch acht
in die westukrainische Stadt Czernowitz reisende Juden in der
humorvollen, essayistischen Erzählung Mykola Rjabtschuks, in der
es um die Resistenz von Mythen – welcher Provenienz auch immer –, die Deutung der Geschichte, um Antisemitismus, Men-
talitätsfragen und die Mißstände und Absurditäten des Alltags –
ein Erbe wiederum der Sowjetzeit – geht. Ein Eintauchen in die
Vergangenheit ganz anderer Art finden wir in einem Gedicht von
Juri Andruchowytsch: Dort hat ein Liebespaar ein altes, museales
Anwesen mit dem ihm innewohnenden Zauber alter Gobelins
und Spiegel als Bühne seiner Liebe auserkoren – die Zeit ist hier
stehen geblieben, auch für das sich liebende Paar, das nach einer
nicht benennbaren Zeitspanne glückselig ins Neonlicht zurück-
taumelt – das Vergangene verschmilzt lustvoll mit dem Gegenwärtigen.

Anders die Szenarien bei der Kiewer Lyrikerin Natalka
Bilozerkiwez, deren Gedichte den Blick auch auf schmutzige, von

Schweiß und Tränen durchtränkte Provinzbetten, auf nach „Klosett, Zigaretten, Liebe und armer Leute Gepäck" riechende Zugwagons dritter Klasse richten und den Schmerz des Alterns, des Verlusts, Leben und Tod thematisieren.

An der Schwelle zwischen Leben und Tod, wo der Körper des lyrischen Ichs, der „mit ihm ein ganzes Leben durchtanzt hat" mit der Seele ringt, die „den Fluch der Gravitation abschütteln will" – genau dort wird im Gedicht Oksana Sabuschkos die Dichtung geboren:

> „Halt, stillgestanden *eben hier*,
> Denn hier ist sie, die Dichtung,
> Endlich, Gott sei Dank!"

Karin Warter

Juri Andruchowytsch

АЛХІМІЯ

В реторті вариться коктейль —
твоя й моя першооснова,
якої давній менестрель
шукав із музики і слова, —
в реторті вариться коктейль
(oh, yes, my baby!).
Я — Фауст, Гамлет, Вільгельм Тель!
Я сплю на небі!

Та будні стомлено шиплять
в розпечених побитих тиглях,
і в суміші отій киплять
сполуки спогадів застиглих.
Коли крізь будні ти пройдеш, —
чи ж обійдешся без подряпин?
Коли в букетах подаєш
надії, від сльоти продряглі,
та от впадеш з високих веж
(oh, yes, my baby!),
побачиш — на землі живеш,
а зірка в небі!

Але всі рани заживуть,
смарагдами всі сльози стануть,
коли цілунки проженуть
слова олжі — поза вустами.
І павутинки наших душ
знайдуть свою першооснову,
немов пелюстки наших руж —
розкриються цнотливо знову:
«Це ти?» — «Це я, твій сум і щем...»
(oh, yes, my baby!) —
я загорну тебе плащем,
немов на небі...

ALCHEMIE

In der Retorte braut sich ein Cocktail
aus dein und mein zuunterster Substanz
wie sie ein Sänger, Barde, Menestrel
in Wort und Ton vor langer Zeit erfand –
in der Retorte braut sich ein Cocktail
(oh, yes, my baby, yes!)
Ich bin ein Faust, ein Hamlet, Wilhelm Tell!
Der Himmel ist mein Bettgestell!

Es kocht der Alltag ächzend in den Tiegeln
randvoll, auf großer Flamme, daß es zischt,
und in diesem Kessel sieden
Erinnerungskristalle bunt gemischt.
Willst du durch diesen Sud hindurch gelangen,
geht's ohne Brandwunden nicht ab –
Wenn du im Blumenstrauß auch Hoffnung eingefangen,
ist sie vom Schlamm der Straße angepatzt.
So fällst du von den hohen Türmen aus der Luft
(oh yes, my baby, yes!)
herunter auf die Erde, die du nicht gesucht –
am Himmel bleibt der Stern – oh yes!

Doch eine jede Wunde heilt sofort
und aus den Tränen werden Edelsteine
wenn nur ein Kuß verscheucht das falsche Wort
das meine Lippen trennt von deinen.
Und endlich finden ihre Ursubstanz
die Spinnenfäden unserer Seelen
so wie die Rosenblüten im Bukett
sich sanft enblättern, tugendhaft:
„Bist du's?" – „Ich bin's, dein Kummer und dein Schmerz"
(oh, yes, my baby, yes!) –
ich wickle dich mit meinem Mantel ein,
da könnten wir im Himmel sein ...

*   *   *

А це така любовна гра:
кружіння, дзеркало і промінь! —
ти все одно підеш за грань,
у чистий спомин, чистий спомин.

Кружіння!.. Ніби й неспроста
миттєвий дотик (чудо стику!) —
на луг життя і живота
покласти б руку, теплу й тиху ...

Ми надто близько — марний знак,
той запах Єви — не інакше!
Ми двоє в дзеркалі, однак
усе не так і все не наше.

Бо вийду із дзеркальних меж —
розвалиться хистка будова.
Ти в чистий спомин перейдеш,
слонова кість, роса медова ...

*   *   *

Es gibt ein solches Spiel der Liebe:
ringsum im Kreis, im Spiegel und im Sonnenstrahl! –
die Grenze überschreitest du gewiß, wo jenseits
die Erinnerung, bloß Erinnerung ist.

Ringsum im Kreis!.. Als ob und nicht von ungefähr
die flüchtige Berührung (Wunder des Kontakts!) –
auf Lebenslichtung, Baucheswiese
die Hand zu legen, warm und satt ...

Wir sind uns viel zu nah – ein schlechtes Zeichen,
das ist der Duft der Eva – es kann nicht anders sein!
Im Spiegel sind wir zwei, jedoch es ist nicht
alles so, gehört nicht alles uns allein.

Den Raum des Spiegels zu verlassen brauch ich nur –
und schon stürzt unser Luftschloß ein.
Du gehst in bloße Erinnerung über,
in Honigtau und Elfenbein ...

ОПІВНІЧНИЙ ПОЛІТ З ВИСОКОГО ЗАМКУ

авжеж не райський сад не світять помаранчі
загублено стежки і втрачено сліди
а все що є у нас ліхтарик на підзамчі
і треба нам туди

збігати у пітьму яка непевна втіха
чи виросте вогонь
коли позолотить найменша іскра тиха
розсипаний пісок розрив поміж долонь

і тісно між дерев і темно в сьому граді
і тягнуться до нас обуджені гілки
та крізь нічне зело що пнеться на заваді
злітаємо з гори злітаємо таки

і жодної зорі лиш доторки тернові
і де ще той ліхтар чи світиться йому
подряпини легкі падіння варте крові
і навіть без надій і навіть у пітьму

бо хто на світі ми
за сімома шляхами
шукаємо любов як золото в ріці
закрито всі доми
спідниця з реп'яхами
і скалка
на щоці

MITTERNÄCHTLICHER FLUG VOM HOHEN SCHLOSS

und wenn schon – kein Paradies und keine Mandarinen,
die Wege sind verwachsen, verloren ist die Spur,
doch leuchtet die Laterne zwischen den Ruinen
am Schloßberg – und zieht uns dorthin nur

auf und davon in dunkler Stille – Nacht, die in Zweifel mündet
ob nicht ein Feuer dort aufflammt
wo schon der kleinste Funke jenen Sand entzündet
zerronnen zwischen Fingern einer Hand

die Bäume stehen eng und finster ist's in dieser Stadt
wo Zweige nach uns greifen aus dem Schlaf geschreckt
und durch das Gras der Nacht, das üppig uns im Wege steht
geht unser Flug nach unten jäh hinab

von Sternen keine Spur – doch Dornen gibt's genug
wo ist sie, die Laterne, gibt sie jetzt vielleicht ihr Licht
den kleinen Schrammen und den Stürzen bis aufs Blut
dort, wo es keine Hoffnung auf das Licht das Tages gibt

wer sind wir denn auf dieser Welt
wir schürfen hinter sieben Bergen
nach Liebe wie ein anderer im Bach nach Geld
verschlossen sind uns Tür und Tor
ein Rock mit Kletten liegt davor
und auf der Wange eine Strähne
von Pech wie eine Träne

МУЗЕЙ СТАРОЖИТНОСТЕЙ

Як ми ходимо обоє
нетрями старого дому! ...
Гобелени і гобої
славлять пару невідому,

ніби бачать
нашу змову:
кожен дотик —
теплий спалах.
І тоді ми знову (й знову)
переходимо
в дзеркалах.

На годиннику з гербами,
як завжди, година друга,
і крадеться вслід за нами
може, туга, може, фуга ...

Повз портрети
і портшези
з нами йде
луна від кроків.
Ми кудись надовго щезли
(двісті років?
Триста років?).

І, коли вже стане темно,
з неопалених покоїв
(я, здається, вівся чемно,
я нічого не накоїв),
у жаркі вогні неонні
повертаємось
навіки.
Я несу тебе в долоні,
і життя таке велике ...

IM MUSEUM

Wie wir beide so gehen
herum in dem alten Haus! ...
Gobelins und fremde Tapeten
spenden uns stillen Applaus,

als ob sie unsere
Verschwörung ahnten:
jedes Hingreifen hat
ein Feuer entflammt.
Wir aber gingen wieder (und wieder)
aneinander vorbei
im Spiegel an der Wand.

Es zeigt die Uhr mit dem alten Wappen
immer dieselbe Stunde an, halb zwei
und unmerklich folgt uns, wie ein Schatten
Sehnsucht vielleicht, mit Musik dabei ...

Die Bilder entlang
über alte Kommoden
streift das Mondlicht hinter uns
wie ein Schattenschritt her.
Wir sind auf lange Zeit entschwunden
(zweihundert Jahre?
dreihundert und mehr?)

Und wenn es dann dunkelt allmählich,
kehren wir aus unbeheizten Zimmern zurück
(ich habe, scheint es, gebrüllt ganz manierlich
und nichts dadurch von der Stelle gerückt)
kommen ins heiße Neonfeuer
wir auf immer zurück.
Ich trage dich auf der Hand vor mir her
und das Leben ist groß, größer ging's nicht mehr ...

ПАМ'ЯТНИК

Я помру в Парижі в четвер увечері...
Сесар Вальєхо.

Ми помрем не в Парижі...
Наталка Білоцерківець

Ми помрем не в Парижі, бо ми взагалі не помремо,
а якщо ми помрем, то в Парижі, так само, як і
в Голлівуді, Гонконзі, Женеві, Яремчі, Сан-Ремо.
Після нас буде море порожніх пляшок під столом на суді.

Це ж яке непосильне служіння на благо поспільства! —
заганяти поезії прутень у дупу добі,
малювати свій герб на розгавканих писках дебільства,
розважати партійців, патриціїв і кей-джі-бі.

Нас народ не забуде. Нам пам'ятник буде. У Львові —
і так само на всіх постаментах і тронах земних.
«Неборак! Ірванець! І ще отой третій ... А хто він?» —
запитає зненацька один із туристів дурних.

Я б йому відповів! Я йому відповім уже зараз:
ах ти, телепню, бевзю, дурило і скурвий ти син!
Нас на цоколі троє — четвертий на цоколі Фалос
(то, здається, філософ такий давньогрецький один).

І навіки застигнемо ми в божевільному Львові —
перед Оперним, в центрі. Проспект Бу-Ба-Бу мов ріка!
І хлопчиська вночі малюватимуть хрін на Сашкові,
і небесна ворона обкрапає Неборака.

DENKMAL

In Paris werde ich sterben am Donnerstag abend …
Cesar Valechio
Nicht in Paris werden wir sterben …
Natalka Bilozerkiwez

Nicht in Paris werden wir sterben, denn wir sterben überhaupt nicht,
und wenn schon, dann in Paris ebenso gut wie Genf oder in Essen,
in Hollywood, Hongkong, San Remo – Jaremtsche nicht zu
                                        vergessen.
Hinter uns die Sintflut – ein Meer von Flaschen unter dem Tisch
                                beim jüngsten Gericht.

Es ist Dienst am Gemeinwohl, übersteigt unsere Kräfte um vieles,
den Pfahl der Dichtung der Zeit in den Hintern zu stoßen,
unser Wappen zu pinseln auf geschwätzige Visagen von Debilen,
die Parteibonzen aufzuheitern, die Bürger und die KGB-Genossen.

Das Volk wird uns nicht vergessen. Uns ein Denkmal setzen unter
                                dem Hohen Schloß
so wie auf allen Marmortafeln und Thronen dieser Erde
„Für Neborak, für Irwanez! Und für diesen dritten, wie heißt
                                        er bloß?" –
fragt unversehens einer von den Touristen, aus der Herde.

Dem hätte ich was zur Antwort gegeben! Und das kriegte er zu
                                hören von mir:
Ein Schwachkopf bist du, ein Ochse, Blödmann, wie man noch
                                keinen gekannt!
Zu dritt stehen wir auf dem Sockel oben, und ein Herr Phallus ist
                                Nr. vier
(das war, wie mir scheint, ein Philosoph, aus dem alten
                                        Griechenland).

Zu Stein werden wir erstarren, in Lemberg, dieser verrückten Stadt,
vor der Oper im Zentrum, das jetzt Bu-Ba-Bu Avenue heißt,
wo ein Lausbub dem Irwanez aus Bronze einen Schwanz verpaßt,
und eine Krähe dem Viktor auf die Glatze sch...aut..

МАФІЯ

На розі Кармелітської та Духа
Святого двометровий зимний хлоп
лежав, зацвівши оком, як циклоп
(античний). Потекла на брук з-під вуха

його червона юха, мов сироп
(малиновий), а в центрі капелюха
прострелено діру. Літала муха
над ним, і плач дівочий із утроб

летів до неба, де злодійський рай,
де кожен сутенер або шахрай
знайде в кущах навік собі малину.

В присутності лягавих та собак
старенька мати думала: «Ось так
ти гідно шлях життя завершив, сину».

(із: Кримінальні сонети)

MAFIA

Dort, wo die Karmeliterstraße mit dem Heiligen Geist
zusammentrifft, liegt einer, gut zwei Meter lang,
vor seinem blauen Auge wird dir bang,
er rührt sich nicht, und auf das Pflaster trieft

ein dicker Saft, wie Himbeersirup rot.
Die Kugel machte dieses Loch in seinen Hut,
und Fliegen schwirren über seinem Blut,
die Mädels heulen, denn nun ist er tot.

Er ist im Himmel, ist im Gauner-Paradies,
wo jeder ein Ganove, ein Zuhälter ist,
und wird auch weiterhin von süßen Sachen zehren.

In Gegenwart von Gaffern und von herrenlosen Hunden
hat seine alte Mutter sich gesagt: „Mein Junge,
du hast des Lebens Lauf zu End gebracht in Ehren!"

(Aus: Kriminalsonette)

ПОСТРІЛ

Ти заповзеш, нечутний, ніби вуж,
у золоті дзеркала установи,
поправиш ружу й посміх Казанови
і сам собі накажеш: кроком руш

до кабінету, де — вершина змови.
Тебе чекає мрець — очей не мруж,
а, вихопивши револьвер із руж,
спрямуй на нього дуло тридюймове.

Ти станеш в цю хвилину шестикрилим,
а він повільно зсунеться на килим,
потягне канделябр і каламар.

Ти скинеш рукавички (щойно з пральні)
і, розпізнавши натяки астральні,
почуєш, як видзенькує комар.

(із: Кримінальні сонети)

24

DER SCHUSS

Du schleichst dich, hinterlistig wie die Schlange,
ein in des Spiegels goldenen Rahmen,
steckst eine Rose an, ein Lächeln für die Damen
und gibst dir selber das Kommando: keine Bange,

auf in das Kabinett, wo die Verschwörer tagen.
Ein Toter tritt dir in den Weg – du zuckst mit keiner Wimper,
ziehst die Pistole, läßt die Patronen klimpern,
um gleich darauf ihm eine Kugel in den Kopf zu jagen.

Du schwebst in diesem Augenblick auf Engelsflügeln,
er geht zu Boden, sinkt auf den Teppich nieder,
reißt einen Kandelaber mit sich, daß es klirrt.

Du streifst den Handschuh ab (eben erst frisch gewaschen),
spürst, wie astrale Strahlen nach dir haschen,
vernimmst die Mücke endlich, die da schwirrt.

(Aus: Kriminalsonette)

Halyna Petrosanjak

*　　*　　*

Я люблю цю дорогу о півсьомій годині ранку, коли
прокидається вітер-самітник на лавці в сквері,
в пору життя, коли спати твердо, як не стели,
коли хочеться відчиняти вже не всі існуючі двері,
а лиш деякі. Мимо колегіати, по майдані Шептицького і
до стін святої катедри, за якими завжди світає,
й підмітають опале листя незмінні підмітачі
вулиці із рисунка Осипа Сорохтея.

*   *   *

Ich bin verliebt in diese Straße um halb sieben in der Früh, da
der Sonderling Wind aufwacht auf einer Bank im Park,
Zeit für das Leben, da man hart schläft, wie immer man sich auch
                                              betten mag,
und nicht mehr alle Türen öffnen will, die es gibt, sondern
nur manche. Über den Scheptyzky-Platz vorbei am Kolleg,
                                                    bis man
vor den heiligen Wänden der Kathedrale steht, dahinter wird es
                                                immer Tag,
und das Laub von den Bäumen fegen sie unbeirrbar fort,
die Straßenkehrer auf den Bildern des Malers vom Ort.

*   *   *

Життя цього міста у вересні складають фрагменти нірван
його найшляхетніших мешканців. Особливо ти любиш

ранки,

коли, граційно тримаючи кошик, перетинає майдан
жінка з медв'яним відтінком волосся й ім'ям спартанки.
Тоді ти запалюєш сигарету і думаєш завжди одне:
про полон, про блукання і землю обітовану ...
Купол будинку на розі, як шолом лицаря, що не збагне
котру з доріг йому вибрати, щоб віднайти кохану.

*   *   *

Das Leben dieser Stadt setzt im September sich zusammen aus
                                        Nirvanastücken
der allerersten Bürger, die dort wohnen.
                        Dir haben es die Morgenstunden angetan,
da eine Frau den Marktplatz überquert, den Korb anmutig in der
                                        Hand,
mit Honigglanz im Haar und Griechentum im Namen.
Dann zündest du dir eine Zigarette an und denkst nur an das eine:
an Kerker und Gefangenschaft, Irrfahrten und das Land der
                                        Träume ...
Die Kuppel auf dem Eckhaus dort gleicht dem Helm eines Ritters,
                                        der zögert
welchen Weg er wählen soll zur Dame seines Herzens.

*   *   *

Вдихаючи запах хвої у тих краях,
де суворість гір перевершує силу й щирість
їх краси і шляхетності, я — перелітний птах —
забуваю дорогу в вирій.
Гірська місцевість — пастка для часу. Він
тут безсило, у відчаї опускає руки.
Тому померлі, воскреснувши, не побачать ніяких змін,
крім сивин у волоссі внуків.
Холод, тутешній пастир отари днів,
заважає життя тут вважати безцінним даром,
вітер хори замерзлих дерев провокує на спів
повний туги, як звук флояри.
І мене, мовчазного птаха, чий голос звір
напевно лиш чує, блукаючи в хащах з ніччю,
не пускає зловісна велич й безсилля гір,
що здаються колесами, вгрузлими в потойбіччя.

*   *   *

Atmend den Duft von Reisig in jener Gegend,
wo die Schroffheit der Berge die Kraft und den Ausdruck
ihrer Schönheit übertrifft, bin ich ein Zugvogel,
der den Weg in den sonnigen Süden vergißt.
Das Bergland – eine Falle der Zeit. Die
ist kraftlos hier, läßt verzweifelt die Hände sinken.
So daß die Toten, auferstanden, keinerlei Veränderung finden,
es sei denn die grauen Strähnen im Haar der Enkel.
Kälte, hier Hirt über die Herde der Tage,
bewahrt das Leben vor dem Anschein der wertlosen Gabe,
Wind provoziert der frierenden Bäume Gesang
voll von Schwermut, wie der Hirtenflöte Klang.
Und mich, den stummen Vogel, dessen Stimme wohl nur
das Tier vernimmt, das im Dickicht der Nacht herumschweift,
läßt sie nicht los, die fatale Größe und Ohnmacht der Berge,
die wie ein Räderwerk sind, das ins Jenseits eingreift.

*   *   *

Сни в кінці листопада несподівано і незримо
перетнуть кордони дійсності і покорять
мого існування пустельні сумні простори
в гирлі холоду, де осінь впадає в зиму.
Ера їх панування почнеться словом,
втомлено, упівголосу вимовленим тобою.
Не противлячись буде дійсність складати зброю,
і я уперше побачу цей ландшафт кольоровим.

*   *   *

Träume im späten November, die unverhofft und unsichtbar
der Wirklichkeit Grenzen durchtrennen, meines Daseins
traurig menschenleeren Raum bezwingen
in der Kälte Mündung, wo Herbst in Winter fließt.
Die Zeit ihrer Herrschaft beginnt mit dem Wort,
erschöpft und mit leiser Stimme ausgesprochen von dir.
Widerstandslos wird die Wirklichkeit ihre Waffen strecken,
und ich werde zum ersten Mal diese Landschaft in Farbe entdecken.

*   *   *

Ми перейшли кордон. Ми рвали квіти в чужих полях,
вимовляючи стиха слова почутої вперше мови,
ночували під голим небом, і, батьківщина у наших снах
з'являлась все рідше, і майже завжди зимові
її ландшафти — суворі, величні місця.
печаттю незмінності затавровані. Ми забували
скупі голоси її птахів, запах домівки і ця
здатність швидше здавалась доречною, ніж заважала.
Обрана нами країна сприймалась уже як своя.
Захоплення від буття тут сягало свого апогею.
Та часом в невинних розмовах нас знічувало ім'я
дивного старця з Ітаки, незбагненного Одіссея.

*   *   *

Wir haben die Grenze überschritten. Auf fremden Feldern Blumen
                                        abgerissen,
leise Worte gemurmelt in einer eben erst gehörten Sprache,
unter freiem Himmel genächtigt, da die Heimat in unseren Träumen
immer seltener vorkam, und fast nur in ihren
Winterlandschaften – unwirtlich erhabene Stätten,
vom Siegel der Unveränderlichkeit gebrandmarkt. Wir vergaßen
die spärlichen Stimmen der Vögel, den Duft von zuhause, und jene
Fähigkeit schien uns eher angebracht als hinderlich.
Das von uns erwählte Land empfanden wir schon als angestammt.
Die Begeisterung hier zu sein erreichte ihr größtes Ausmaß.
Manchmal jedoch, in unschuldigen Gesprächen, machte uns ein
                                        Name stutzig –
des alten Sonderlings aus Ithaka, des unergründlichen Odysseus.

*   *   *

Коли тут почнуться дощі, і на Stefansplazi
більше не буде власника кумедних маріонеток,
а фіакри їздитимуть з піднятим верхом, і праця
тих, хто вулиці підмітає, ускладниться, й світопорядок
творитиме осінь, тоді я, напевно, наважусь
написати тобі листа, адже не годиться
забувати добрих знайомих. І я розкажу,
що була у будинку метеликів,
і барви у них на крильцях
є найліпшим доказом того, що Бог існує.
Про те, як ходжу щоранку вулицею Фаворитів.
І що сни мені сняться озвучені німецькою, що красу і
шляхетність міста словами не відтворити.
Про вміння мешканців міста всміхатися незнайомим,
про те, що публіку в опері тепер розважає Вебер
розкажу тобі і, звичайно ж, я жодним словом
не обмовлюсь про те, як сумно мені без тебе.

*   *   *

Wenn hier die Regengüsse anfangen, und vom Stephansplatz
der Puppenspieler mit seinen Marionetten verschwunden ist,
die Fiaker mit aufgeklapptem Dach fahren, und die Arbeit
derer, die die Straßen kehren, sich erschwert, und der Herbst
die Weltordnung erschaffen wird, dann werde ich mich wohl daran
                                                            machen

dir einen Brief zu schreiben, weil es ja nicht angeht
auf die teuren Bekannten zu vergessen. Und ich werde erzählen,
daß ich im Haus der Schmetterlinge war, daß die Farben auf ihren
                                                            Flügeln

der beste Beweis dafür sind, daß Gott existiert.
Davon, wie ich jeden Morgen durch die Favoritenstraße gehe.
Daß meine Träume bereits mit deutschem Ton versehen, daß die
                                                            Schönheit

und der Adel dieser Stadt mit Worten nicht wiederzugeben sind.
Von der Technik der Stadtbewohner Unbekannten zuzulächeln,
davon, daß sich das Publikum in der Oper jetzt mit Weber unterhält,
werde ich dir erzählen und werde natürlich kein Wort darüber
                                                            verlieren,

wie traurig mir zumute ist ohne dich.

*　　　*　　　*

Оселя у горах, де в сон мій вплітається шум потоку,
де будні тяжкі, як сто пудів солі, а свята мляві й порожні,
де вереск сарни (чи лісни?) опівночі,

　　　　　　　　　　　　як не дивно, навіює спокій,
ще раз стверджуючи, що я вдома, інакше було б не можна
почути ці звуки і не вжахнутись. Листя горіха,
в затінку якого я виросла, повільно міняє колір,
все ж намагаючись втримати літо в собі. І в полі
мого зору ніщо не зраджує fin de siècle. Це втіха —
повертатись додому ніби не в просторі, а у часі
подорожуєш; звичний холод стискає твої передпліччя,
і добре знайома дорога, як і раніше, веде наразі
в напрямку пізнього середньовіччя.

*   *   *

Dorf in den Bergen, wo in meinen Schlaf sich flicht das Tosen des
                                                            Baches,
wo der Alltag schwer ist, wie Säcke voll Salz, die Feiertage aber
                                                 trüb und leer,
Wo der Schrei des Rehs (des Waldgeists?) um Mitternacht, so
                              seltsam es auch klingt, Ruhe einflößt,
einmal mehr mir bestätigt, daß ich zuhause bin, denn anders wäre es
                                            nicht möglich
diesen Laut zu hören und nicht aufzuschrecken. Die Blätter des
                                            Nußbaums,
in dessen Schatten ich aufwuchs, wechseln langsam ihre Farbe,
immer noch bemüht den Sommer festzuhalten. Und in meinem
Gesichtsfeld verrät nichts das fin de siècle. Das macht froh –
heimzukehren als ob nicht im Raum, sondern in der Zeit
die Reise ginge; ein ganz gewöhnlicher Frost krallt sich um deinen
                                            Arm
und der wohlbekannte Weg führt, so wie früher, auch jetzt
in Richtung eines späten Mittelalters.

*   *   *

Невідомих ландшафтів спокій лікує свідомість хвору.
Колись зневаженій тиші знаю ціну аж тепер.
Нежданне тепло чужого притулку в богемських горах
(тріумф далеких відстаней). Знак мовчання як дар.
На земель моїх карту пістряву наношу обриси terra
incognita: клімат, фауна, флора, рік її плин ...
Та хвилі цих гір розіб'ються о неба блакитний берег,
і вдалині проступить гладінь знайомих рівнин.

*   *   *

Unbekannter Landschaften Ruhe heilt einen kranken Sinn.
Einst verachteter Stille Wert erkenne ich jetzt.
Unerwartet die Wärme im fremden Schlupfloch der böhmischen
                                                 Berge
(Triumph der großen Distanzen). Zeichen des Schweigens – ein
                                               Geschenk.
Auf meiner Länder bunte Karte trag ich Konturen einer
Terra Incognita ein: Klima, Fauna, Flora, ihrer Flüsse Lauf ...
Da dieser Berge Wellen am Blau des Himmelufers zerschellen,
taucht in der Ferne der Schild der vertrauten Ebene auf.

*　　*　　*

Злами лінії горизонту зберігають пам'ять про море,
що мільйони років до нас відступило в глибини.
Так у перетинах зморщок, складок довколо рота, у порах
лиця застиває світло вітчизни і видає чужині
твою нетутешність, твою непричетність до пливу
цих вулиць, соборів, що здаються неплинними, веж, еркерів,
скам'янілих святих, колонад, балюстрад, ліпнини.
Графіка рис твоїх зраджує птаха, в якого вирій
не вичерпав тугу за втраченим раєм. Та згодом хоча б в
                                                        одному
з твоїх вчинків, жестів, виразів уст, поривів
уважне око помітить неодмінні наслідки впливів
празької архітектури, веж Відня, галерей Маульброну.

*　　*　　*

Die Bruchlinie des Horizonts gemahnt an das Meer,
das Jahrmillionen vor uns sich zurückzog in den Abgrund.
So auch ist in faltigen Winkeln, den Runzeln um den Mund,
den Poren der Haut das Licht der Heimat zu finden und tut es der
Fremde kund
— Du bist nicht von hier, hast nichts gemein mit dem Fluß
der Straßen, Kirchen, die gar nicht zu fließen scheinen, den Türmen
und Erkern,
Heiligen aus Stein, Kolonnaden, Balustraden, und der Stukkatur aus
einem Guß.
Dein Gesicht — eine Gravur, die den Vogel verrät, in dem auch der
Süden nicht
den Traum vom Paradies verlöschen ließ. Doch ein waches Auge
erblickt
in jeder deiner Taten, Gesten, in jeder Regung, Mundbewegung
auch im Nachhinein noch den Einfluß, die unverkennbare Spur
der Türme aus Wien, Galerien von Maulbronn, der Prager
Architektur.

*   *   *

У руки того
хто успішно спокушує
плодом з чужого саду
щоденно віддаєш свій дух
(якщо твоєю волею
не передбачено інше)

*   *   *

Мов щоки старця
западає
берег ріки
в чеканні
коли на нього
ступить Нарцис

*   *   *

Інколи
ці потвори
й мені здаються
звичайними вітряками

(З циклу «Роса»)

*   *   *

In die Hände dessen
der mit der Frucht aus fremdem Garten
erfolgreich in Versuchung führt
legst du Tag für Tag deinen Geist
(weil dein Wille
nichts anderes vorgesehen hat)

*   *   *

Wie die Wangen eines Alten
eingefallen
ist das Flußufer
wartet
wann endlich
Narziß es betreten wird

*   *   *

Manchmal
scheinen auch mir
diese Ungeheuer
nur gewöhnliche Windmühlen zu sein

(Aus dem Zyklus „Tau")

*   *   *

Розплющують очі іриси
й запаморочення від бузку
чергується
із запамороченням від ясмину
янголе
не сурми ще

*   *   *

Порушниця правил
на світло його
я переходила вулиці
при світлі його
виразніше бачила
Твій образ

*   *   *

Нижче лінії зору
літає птах мій
дозволь на мить
опустити погляд

(З циклу «Роса»)

*　　*　　*

Weit aufgerissen leuchten die Augen
der Schwertlilien
und auf den Rausch des Flieders
folgt die Betäubung durch den Jasmin
Engel
wart ab mit deiner Posaune

*　　*　　*

Eine die gegen die Regeln verstößt
überquere ich die Straße
bei seinem Licht
erblicke ich klarer
in seinem Licht
Dein Bild

*　　*　　*

Tiefer als das Gesichtsfeld
fliegt der Vogel mein
nur einen Augenblick lang
laß mich den Blick senken

(Aus dem Zyklus „Tau")

*   *   *

Я щаслива мешкати в місті, де стримано, величаво
збуваються сподівання вже, здавалося б, марні,
де мандрівний філософ свою першу ранкову каву
п'є під власним балконом, біля дверей кав'ярні.
Я щаслива пірнати зранку в потоки вулиць,
перлини поглядів помічаючи в їх глибинах
й не збираючи їх. Я рада, що все це збулось:
весна у місті дощів, неповторні вина
днів, що в погребах вічності очікували на мене,
золотава протяжність липової алеї
у вересні. І моє вміння — дивне і незбагненне —
в архівах пам'яті зберігати лиш привілеї.

*   *   *

Mein Glück ist es, in einer Stadt zu leben, wo gewaltig und bestimmt
Hoffnungen sich erfüllen, die scheinbar schon vergeblich waren,
wo ein wandernder Philosoph seinen ersten Morgenkaffee trinkt
unter dem eigenen Balkon, nicht weit vom Kaffeehaus, schon seit
Jahren.
Mein Glück ist es einzutauchen in den Strom der Straßen früh am
Morgen,
Perlen von Blicken zu erhaschen, die auf deren Grund verborgen,
und sie nicht aufzulesen. Froh bin ich, daß all das in Erfüllung ging:
Der Frühling in der Stadt des Regens, und der Wein, der
unvergleichlich
aus den Tagen der Erwartung mir in den Keltern der Ewigkeit
entspringt,
die Lindenalleen, die sich im September golden in die Länge ziehn
und mein Vermögen, unbegreiflich und seltsam zugleich,
in den Archiven der Erinnerung aufzubewahren nur die Privilegien.

*　　*　　*

Мій переконливий вчителю мови мовчання,
ніжної антириторики, недовіри до звуку
голосу, що, намагаючись відстань здолати, звичайно,
робить її безнадійною, — пам'ятаю Твою науку.
Та все ж, напевно, від страху, що видавати мушу
невіртуозність свого мовчання, або від звички старої
бути багатослівною, я знову впадаю в спокусу
говорити з Тобою, милий, говорити з Тобою.
Адже нас може викинути на берег в чужій місцині,
де потуги голосу не спричинюють коливання.
Не кажучи вже про те, що по обидва боки від нині
нам і так занадто багато відведено для мовчання.

*   *   *

Mein Lehrer, Meister der Sprache des Schweigens,
subtiler Antirhetorik, des Mißtrauens am Laut
der Stimme, die den Abstand überwinden will,
ihn dabei hoffnungslos macht – auf Deine Lehre habe ich vertraut.
Und dennoch, aus Angst die Nicht-Perfektion meines Schweigens
preiszugeben zu müssen, oder aus alter Gewohnheit
zu viele Worte zu machen, verfalle ich wieder der Versuchung
mit Dir zu sprechen, mein Freund, mit Dir zu reden.
Gut möglich, daß uns Schiffbrüchige ein fremdes Ufer aufnimmt,
wo das Bemühen der Stimme keinen Laut hervorbringt.
Ganz abgesehen davon, daß uns von jetzt an zu beiden Seiten
Raum gegeben ist, mehr als genug, für das Schweigen.

ТЕЗЕЙ

Білі вітрила лежать у скрині. Народжені вчора зорі
вінка Аріадни освітлюють невтішну назад дорогу.
Мої щасливі супутники, невгаваючи, торочать про перемогу.
Все, що з тобою зв'язано, залишилось по той бік моря.

Зараз, вслухаючись в ламану лінію ритму
хвиль стихії, від солі якої міняється колір волосся,
я думаю, що чудовиськом був не той з лабіринту,
а той, що мені приснився в нашу ніч на Наксосі.

THESEUS

Weiße Segel liegen in der Truhe, Sterne, gestern aus dem Kranz
der Ariadne geboren, erleuchten den trostlosen Weg zurück.
Meine Gefährten sind glücklich, sie faseln ohne Ende vom Sieg.
Alles, was mit dir verbunden, ist am anderen Ufer des Meeres
                                                    geblieben.

Jetzt, da ich den Rhythmus der Wellen vernehme, die gebrochene
                                                    Linie
elementarer Macht, das Salz, von dem das Haar die Farbe
                                                    annimmt, –
weiß ich, das Ungeheuer war nicht jenes aus dem Labyrinth,
sondern das, was mir im Traum erschien, auf Naxos, in unserer
                                                    Nacht.

Tymofi Hawryliw

FAUN IM HERBST
(Auszug)

Aus dem raffinierten Geflecht von Sprüngen auf den Wänden von Gebäuden aus der Zeit, da der letzte Kaiser noch jung war, ist es schwierig, deren Zukunft vorherzusagen, und noch viel weniger kann man daraus etwas über die Vergangenheit ablesen. Natürlich nur dann, wenn man nicht zu den Eingeweihten gehört. Die Hand der Zeit hinterläßt ihre tiefen Abdrücke. Die Geschichte, diese Zigeunerin, tastet sie ab und erzählt von dem, was war, ohne aber ein Wort darüber zu verlieren, was sein wird. In der Tat, was wird sein? In dem Gewirr eine Linie wahrnehmen, die sich hinzieht, bis sie plötzlich abreißt.

Halbblinde Straßenlaternen werfen ein spärliches Licht auf Fassaden, Tore, Gehsteige, ziehen sich in weitem Bogen über den Autostraßen hin. Girlanden der abendlichen Stadt. Stadt ohne Städter. Stadt der großen Verwüstung. In sieben Jahren haben sich die Schuhe an das holprige Gelände des Pflasters gewöhnt. Wenn vor den neuen Geschäften, die von jenem Licht, das dem Durchschnittsbürger immer häufiger abgeschaltet wird, blendend hell angestrahlt werden, glatte und wie lackierte Schachbretter glänzende Bodenplatten auftauchen, die brutal aus der Farbenpalette der Architektur ringsum abstechen, so empfindet das der Fuß als ein Kuriosum und er wird unruhig, als ob er einen verborgenen Hinterhalt ahnte: noch einige Schritte – und du bist schachmatt.

Es ist rutschig. Noch gibt es kein Glatteis, denn der September hat eben erst angefangen und noch nicht die Park- und Rasenanlagen mit seinem Gold überschüttet. Stechäpfel fallen ab, verfaulen, denn niemand fegt sie weg, sammelt sie ein. Säuerlich-süß, mit einem bitteren Beigeschmack. Wie gut schmeckte Marmelade daraus, wenn nur jemand die Geduld hätte, die dünnen Häute und kleinen Kerne zu entfernen. Eine Engelsgeduld zu einer Zeit, die auf dem verrückten Panzer der Selbstvernichtung dahinrast, wie abgefallene Blätter, die plötzlich vom Wirbelwind erfaßt werden. Vor diesem Glanz erscheint die Armut hundertmal elender. Hier ist nicht Assisi, und es läßt sich niemand finden, der Franziskus hieße, auch nicht ein Fremder.

Ein Wirtshaus, das aussieht wie ein langgezogener, waggon-
ähnlicher Container – vielleicht ist das auch ein Eisenbahnwaggon
– das Leben fängt von selbst an. Man hört Musik, Lachen, Lär-
men. Durch die geöffneten Fenster einer Wohnung gegenüber
dröhnt eine Arie aus einer berühmten Nationaloper, voller Leben
und mit großer Begabung dargebracht, wie von der Schallplatte,
der Kassette, aus dem Theater oder vom Bildschirm. Töpfe
scheppern. Das alte galizische Gezeter wird dort und da prakti-
ziert, natürlich nur von bestimmten Sonderlingen in marginalen
Werken, schon gar nicht aber vom Durchschnittsbürger. Er, der
Vertreter der Mitte, verfügt über Geschosse von ganz anderem
Kaliber.

Manchmal ist es so schwer daran vorbeizukommen. Die Beob-
achtungen von alters her zum frostigen Klima bestätigen das nur.
Der Wind trägt etwas in sich, von dem so mancher die Fähigkeit
über die Kontrolle seiner Bewegungen verliert, besonders angesichts der Nacht. Das ist keine Sache der Dunkelheit und auch
nicht eine der Erziehung, sondern vielmehr eine des Klimas. Es ist
sehr gut möglich, daß es am Geistigen liegt. Ebenso gut ist es
möglich, daß es an dessen Absenz liegt. Die Kälte, welche die Gedanken in die Zange nimmt – nicht das setzt am meisten zu. Viel
fataler ist es, wenn sich Ringe um ein Faß legen, in dem entweder
gar nichts ist, oder nur saurer Wein.

Die Promenade endet dort, wo leicht vorgebeugt der erste Präsident eines Scheinstaates sitzt, eines Staates, den es niemals gegeben hat. Vom bröckelnden Boden eines Balkons wächst ein rosti-
ges Geländer, Gras und eine kleine Birke. Alles das sieht einem
barocken Gemälde aus der Bildergalerie ähnlich. Vielleicht ist das
auch Barock im weitesten Sinn, wenngleich draußen das Jahr ein-
tausendneunhundertundfünfundneunzig ist, welches, versunken in
den Morgennebel eines Gebirgseremitendaseins, keinen Städter
gebären konnte.

II

Die Bettler in Lissabon bitten um Essen. Gesättigt bis zum Über-
fluß von der Feuchtigkeit des Lemberger Herbstes, werden sie
zum Glück nicht naß. Der Regen trommelt mit seinen Tropfen
gegen das halb losgerissene Blech des Gebäudes gegenüber. Die

flüchtige Identifizierung mit diesem infolge eines langen Betrachtens eröffnet die ganze unübertroffene Häßlichkeit seiner Architektur, einer massiven Eklektik aus den verschiedensten Stilen, hineingezwängt zwischen andere, gewöhnlichere Gebäude. Unvermutet drängt sich ein Gedanke auf: indem du dich identifizierst, erkennst du dich selbst. Dann verziehen die Satyrfiguren – sind es Satyren, oder Magier, oder skythische Krieger, oder einfach die Herren, adelige Sarmaten – auf den Säulen des ehemaligen Landtagsgebäudes, heute des Hauptgebäudes der Universität, bislang wie von einem Bann regungslos erstarrt, plötzlich das Gesicht zu einer spöttischen Grimasse. Gott hat die Narren lieb.

Sie drücken sich dort- und dahin, um dann jeden Augenblick zu zählen. Zeit wird mit Gold aufgewogen. Silhouetten, Ansichten, Tätowierungen auf besorgten Gesichtern. Lange Mantelschöße schleifen über ausgetretene Stufen nach unten. Der Lebensmittelladen unweit der Buchhandlung Nr. 30 erinnert mit seiner Atmosphäre an Zeiten, die nicht so weit zurückliegen. Ein betrunkener Lastträger kann sich kaum auf den Beinen halten. Wann hat er sich so vollaufen lassen? Die Verkäuferin, eine üppige junge Frau, schüttelt abfällig den Kopf, in ihren Augen blitzt es spöttisch. Ein zufälliger Kunde hat den ehemaligen Diakon einer Landpfarre erkannt. Hat kommuniziert, hat kommuniziert und hat zu Ende muniziert – lästert die Verkäuferin und reißt dünne rote Würste ab. Dreihundertzwanzig Tausend. Du löst den Kollegen im Laden ab und findest eine neue Preisliste vor. Beschwerden sind wohl dazu da, um die Leute in der kurzen, aber aufsässigen Schlange zu beruhigen. Die Preise hüpfen in die Höhe wie die Tänzerinnen im Varieté.

Geistigkeit zeichnet sich durch Instinkte aus und ist umgekehrt proportional zu deren Menge.

Es ist nicht so, daß die Buchhandlungen überschwemmt würden von Belletristik. Es gibt ganz einfach keine andere Literatur. Ein Luxus der Art, daß zu jedem mehr oder minder bedeutenden Problem tausend Bände auf Lager wären, ist so unerreichbar wie für den Fuchs die Trauben. Der literarische Prozeß ist eine Fiktion. Vielleicht eine Hyperfiktion. Bei einer kontinuierlichen Zerlegung der Metapher steht man vor der Notwendigkeit einer Wahl zwischen dem Materiellen und dem nicht ganz Materiellen. Man wählt das letztere. Es wird einem ängstlich zumute. Vielleicht ist es doch nicht das – und schon hat man das Buch gekauft.

Zwischen den Pfützen zu balancieren ist wahrhaftig eine Kunst, die man bis zur höchsten Perfektion bringen kann. Unter dem Schirm hervor ist es nicht leicht sowohl die mächtigen als auch die ausgemergelten Blöcke von Gebäuden zu überblicken. Und auch der Wunsch sich in ein warmes Nest zu verkriechen, wenn dieses wirklich warm ist, heizt an. Ein anderes Mal bewirkt das Ausspähen den Reiz des Entdeckens. Es zeigt sich, daß die lateinische Kathedrale gar nicht so sehr versteckt ist. Kaum daß der Blick den gerunzelten Helm ihres viereckigen Turms fixiert hat, gleitet er auch schon weiter über den Schewtschenko-Prospekt in Richtung Ringplatz. Auch die Georgskathedrale ragt in die Höhe, wenngleich sie von rachitischen, stählernen Windmühlenflügeln überragt wird, die sich in den zinnfarbenen Frühherbsthimmel bohren, und vom Bahnhof her dominiert die Elisabethkirche, zum Verwechseln ähnlich der Votivkirche unweit der Wiener Universität, gegenüber dem Sigmund-Freud-Park, erbaut von einem dankbaren Kaiser, nachdem der Allerhöchste schützend seine Hand über ihn gebreitet und ihn vor einem Attentat gerettet hatte.

III

Ich weiß nicht, wie argentinische Süßigkeiten schmecken, aber ich hoffe, es morgen in der Früh zu erfahren. Eins steht außer Zweifel: Lateinamerikanische Romane sind für den ukrainischen Intellektuellen, wie erst recht die lebenslangen Fernsehserien für den Herz-Hirntrakt des Durchschnittsbürgers, Balsam für die Seele. Die Pfarrer in der Provinz müssen ihnen zuliebe den Sonntagsgottesdienst verlegen. Die Herde, vom jüngsten Schaf bis zum ältesten, starrt auf den Bildschirm.

Haargenau wie in Italien. Gestützt auf das Geländer des hufeisenförmigen Lichtgangs eines polnischen Gebäudes an der Nalywajko-Straße bestaunen die Gästen von jenseits des Ozeans und jenseits der Berge abgeblätterte Wände, an denen der Ziegel hervortritt, der Länge und der Breite nach gezeichnet von einer auf Eiweißbasis angemachten und vor Jahrzehnten schon verkrusteten Lösung. Schiefe, verglaste oder nackte Balkone, die ihre Rippen sehen lassen, werden von hellenistischen Atlanten gestützt,

Müßiggängern, die auf Mauerhaken sitzen. Verschläge aus Brettern gezimmert, von einem schmutzigbraunen Rot. Dort und da treibt der Lack Blasen, platzt und blättert ab. Frisch gewaschene Wäsche auf Leinen, pralle Segel, die an den Tauen zerren. Die Horizontale ersetzt die Vertikale.

Man möchte wandern. Wenn schon nicht in Wirklichkeit, so doch in Gedanken. In Zeit und Raum. Faktisch läuft alles auf das Prinzip eines Bermuda-Dreiecks mit drei verhängnisvollen Spitzen hinaus: Universität, Bibliothek und Studentenheim, sowie unbedeutenden Abweichungen von und seltenen Änderungen an diesen Routen.

Die Behauptung, daß sehr dicke Menschen gutmütig sind, stimmt. Sie sind häuslich, tratschen gern, und man hat gern mit ihnen zu tun. So müßte man sich jene Hestia vorstellen, die vom Olymp herabgestiegen ist und menschliche Gestalt angenommen hat. Die alte Frau, die jeden vierten Tag den Zimmerschlüssel aushändigt, eine höfliche alte Tante mit einem beruhigendem Timbre in der Stimme. Es wäre falsch anzunehmen, daß man in einem ehemaligen Freudenhaus wohnt. Vielleicht hat dessen Besitzerin nur genauso ausgesehen. Die Franzosen haben ausgesuchte Manieren und verfeinerte Sinne. Nicht von ungefähr hat es sie mit fast magnetischer Kraft hierher gezogen. Sie haben alte Pläne gefunden, den Staub davon abgeschüttelt, neue erstellt, etwas vor sich hin gemurmelt wie es nur die Engel im Himmel können, und sind ebenso unerwartet verschwunden, wie sie aufgetaucht waren. Was denn auch mitnehmen von einem alten Schiff, das fast schon in seine Teile zerfällt, vertäut an einem der Arme der Poltwa, die heute in ihrer Zwangsjacke aus Beton dahinfault.

Es gibt keine Regel ohne Ausnahme. Also, zu den Regeln und Ausnahmen. Es kann vorkommen, daß sich die letzteren häufen, und dann gilt es, aus den Ausnahmen eine neue Regel abzuleiten, aus deren Ausnahmen wieder eine neue – und so weiter ohne Ziel und Ende. Halt. Gebannt von solchen spitzfindigen Fragen riskierst du von einem glänzenden Mercedes oder einer ins Schleudern geratenen Wolga überfahren zu werden. Wenn du kein Snob bist, ist das zweite ebenso beklagenswert wie das erste. Ob man die nötige Bewegung verpaßt und einen unnötigen Haken geschlagen hat. In all dem läßt sich ein Vorzug sehen. Wenn man zum Beispiel weitergegangen ist, einen Zeitungskiosk gefunden hat und feststellt, daß man keine Wertkarten mehr hat, und nach dieser Einsicht an die magische Kraft des Zufalls glaubt.

Durch die Gunst des Schicksals ist eine notwendige Fahrt nach Sychiw überflüssig geworden, da allein die Kürze der Distanz vor der Seekrankheit schützt und du beim Betreten deiner Wohnung mit den schiefen Platten über dem Kopf, halb den Lichtschalter ertastend, das eigene Schuhwerk nicht erkennst und denkst: Eben erst war Krieg. Du trinkst Tee. Heiß und stark duftend. Liest in den „Metamorphosen" des Publius Ovidius Naso. Du entschließt dich, die Wahrheit zu schreiben und nur die Wahrheit, weißt dann aber nicht, was tun mit dem Tee und mit dem Ovid. Es gibt kein heißes Wasser, keine Tasse, keine Teeblätter und kein Buch. Es gibt nur die Nacht, schwarz wie Teesud aus Ceylon, die Nacht und die Hoffnung, so rasch als möglich in das Reich hinter den dreimal sieben Bergen zu gelangen, wo auf der Waage des Traums die Schalen der Wahrheit und der Dichtung einander ausgleichen.

РАНКОВЕ МІСТО

День підводиться Корняктовою вежею із ложа ночі;
Мружиться, засліплений банями Святого Юра.
Скрегочуть ринкові брами; перші голоси — жіночі,
Другі — трамваїв. Третіми піють півні. Баюра

Межи семи пагорбів, застелена пеленою туману,
Набирає обрисів прокинутого міста.
Художник з вугільним оцурком, уведений в оману,
Над брамою виводить тінь загиблого горніста.

І той сурмить, однак його не чути,
Бо місто упокоєне навіки
По вінця повним келихом цикути,
Яка склепила темінню повіки.

Одначе світ, ледь вийшовши з дрімоти, стирає швидко
Його, сурму, тих, хто на чатах, чати.
Підводяться поволі стіни, вікна розплющують очі. Видко,
Аби новий похід удосвіта почати.

І день зіскакує притьмом із ложа ночі,
Немов поручник, юний ще. Долоні
Її торкають ніжно так, уста цілують очі.
Збігає. Пізно. Місто у полоні.

DIE MORGENDLICHE STADT

Der Turm des Kornjakt bringt den Tag herbei aus lauer Nacht;
Geblendet noch vom Glanz der Kuppel auf St. Georg zwinkert er.
Am Hauptplatz kreischt ein Tor von ersten Frauenstimmen
                                                    aufgemacht
Und Straßenbahngeklingel. Dann erst die Hähne. Hinterher.

Der sieben Hügel Umriß noch von Nebelschwaden eingelullt
Verleiht Konturen dieser Stadt, die eben aufgewacht.
Ein Zeichner mit dem Kohlestift voll Ungeduld
Werkt er am Schatten des Trompeters, der das Tor bewacht.

Der bläst sein Instrument, allein man hört ihn nicht,
Denn diese Stadt hat ihre Ruh gefunden lange schon,
Und nur von Gläsern voll bis an den Rand erklingt ein Ton,
Der einer Dunkelheit ganz leis die Augen schließt.

Kaum ist dem Schlummer es entflohn, verwischt das Licht
Den Wächter, die Trompete, sie, die auf der Lauer ausgeharrt.
Und Wände stehen auf, ein Fenster wischt den Schlaf aus dem
                                                    Gesicht
Zu einem neuen Gang und Neubeginn im Morgengraun gepaart.

Der Tag hüpft flugs heraus, verläßt das Bett der Nacht,
Dem jungen Fähnrich gleich, der eifrig ihr die Hände küßt
Und liebevoll nach ihnen greift – mit Lippen mißt.
Er läuft davon. Es ist schon spät. Die Stadt liegt in
                                                    Gefangenschaft.

РОЗМОВА З КНЯЗЕМ

Пам'яті Пауля Целяна

Вечір нам пропонує мовчання: така його мова.
Ми вивчаємо її, приголомшені досконалістю слів.
Лист називається листом, дерево деревом, зоря зорею,
Місяць місяцем, молодиком, повнею, княжичем.
Зачудовані, ми мовчимо з ним його мовою.
Він відповідає на всі наші питання.
Тоді нам здається, що ми знаємо більше, ніж він.
Ми знаємо день. Ми знаємо сонце.
Ми знаємо їхню мову. Ми говоримо нею.
Навіть доволі часто.

GESPRÄCH MIT DEM FÜRSTEN

Dem Gedenken an Paul Celan

Der Abend schlägt uns Schweigen vor: Das ist seine Sprache.
Wir lernen sie, betäubt von der Vollkommenheit der Worte.
Das Blatt heißt Blatt, Baum heißt der Baum, und Morgenröte
                                                Morgenrot,
Der Mond heißt Mond, heißt Neumond, Vollmond, Fürstensohn.
Gebannt stehn wir, schweigen mit ihm in seiner Sprache.
Antwort gibt er auf alle unsere Fragen.
Da scheint es uns, wir wüßten mehr als er.
Wir wissen um den Tag, kennen die Sonne.
Wir kennen deren Sprache. Sprechen sie.
Und das sogar recht häufig.

ЛЕБЕДИНЕ ОЗЕРО

Життя як гра. Наприклад, у балет.
Із примхи долі ти між глядачами.
Або поет. Козирний, чей, валет
В руках якоїсь пікової дами.
На лихо, саме їй належить хід,
В якім ти жертвою амбіцій та обману
Летиш на стіл і, визирнувши з-під
Туза, збагаєш: все до сану і до стану.
Або у шахах. Ти, простий пішак,
У перепалці за майбутню Еру
Чи просто так, чи зовсім просто так
Ти гинеш в нагороду офіцеру.

Тут ні до чого честь, ані балет.
Утім, у них вчувається єдине.
З одного боку рільковий корнет.
І озеро по інший. Лебедине.

SCHWANENSEE

Das Leben wie ein Spiel. Zum Beispiel, im Ballett.
Des Schicksals Laune reiht dich ein ins Publikum.
Oder ein Dichter. Schau, ein Trumpf, ein Bube, zahm
In Händen einer Dame – der Pique Dame.
Zum Teufel nur, sie selbst bestimmt den Zug,
Der dich, ein Opfer von Ambitionen und Betrug,
Hinblättert auf den Tisch, nachdem du keck hervorgelugt
Hinter dem As, siehst du es ein: alles nach Rang und Namen.
Oder im Schach. Du bist ein Bauer, ganz gewöhnlich, der
Im Feuer fällt für eine neue Zeit, die zukünftige Ära
Oder nur so, ganz einfach so, stirbst du,
Der höheren Figur zu Ehren.

Da hilft die Ehre nicht und auch nicht das Ballett.
In all dem läßt sich eines ahnen:
Entweder Rilkes Weise von der Liebe des Kornetts
Oder der See – ein See von Schwanen.

КОРАБЕЛЬ ЄВРОПИ

Відірваним від землі брама міста замкнена.
Алеєю переможців ступати в руїни.
Неславити цезаря.
Ave!
           додавати ретельно.
                        Замкова
Гора, за якою кордони твоєї країни
Мрій,
        за якою
Рікою
Рукою
Страбона
        нанесена терра інкогніта.
Cogito, ergo sum.

DAS SCHIFF EUROPA

Wer von der Erde losgerissen, dem sind die Stadttore
                                        verschlossen.
Durch die Allee der Sieger wird Ruinen er betreten.
Den Caesar schmähen.
                Ein „Ave!" anfügen gewissenhaft.
                                        Der Schloß-
Berg, hinter dem die Grenzen deines Lands
Deiner Träume,
                Hinter dem
Von dem Fluß
Von der Hand
Des Strabonius
                Terra incognita eingetragen ist.
Cogito, ergo sum.

ЖБАН РАДОСТИ

Земля, на якій лайно.
      Земля, на якій нам жити
І пити прокисле вино
      І бачити, як ворожбити
Мовчатимуть. І все одно
      Єдину її любити.
Земля, яку маємо ми.
      Земля, де порожні глеки
Гудуть і тріпочуть крильми
      Мандрівні вітри та лелеки.
Земля, на якій ми дітьми
      Батьків, що батьки їхні — зеки,
Земля, що герої її
      Народжувались на страту.
Земля, що її солов'ї
      Осанни співатимуть кату.
Земля, де зелені гаї
      І небеса з блавату.
Земля, де танцюють гопак
      Люди і ядра урану.
Земля, де усе навспак:
      Пам'ятників тирану
Більше, ніж страднику, мак
      Вирощують і валер'яну.
Мак — на узвар забуття,
      А валер'яну — для втіхи.
Земля, де вино життя
      Ллється у латані міхи.
Земля, у якій небуття —
      Єдина можливість утіхи.
Земля, у яку весло

      Вперлось, й було воно Боже.

Земля, що недолям назло
      Сама себе переможе.

KRUG DES FREUDENTRANKS

Ein Land, bedeckt von Kot.
   Ein Land, in dem wir leben müssen
Um seinen sauren Wein zu trinken
   Und zuzusehen, wie die schweigen,
Die in die Zukunft sehen können. Und trotzdem
   Es allein zu lieben und nur es.
Ein Land, wie wir es haben.
   Ein Land, wo leere Töpfe
Tönen, wo Wanderwinde mit den
   Flügeln schlagen wie die Störche.
Ein Land, in dem wir Kinder sind
   Von Vätern, deren Väter noch im Lager waren.
Ein Land, in dem die Helden
   Geboren wurden um zu sterben.
Ein Land, in dem die Nachtigall
   Hosanna singt dem Henker.
Ein Land, wo grün die Wälder sind
   Und blau des Himmels Seide.
Ein Land, in dem zur gleichen Hopak-Weise
   Die Menschen tanzen und die Kerne von Uran.
Ein Land, wo alles anders läuft:
   Denkmäler für Tyrannen
Zahlreicher sind als für die Opfer, wo man Mohn
   Ebenso anbaut wie den Baldrian.
Mohn für den Absud des Vergessens,
   Und Baldrian – um einzulullen.
Ein Land, in dem der Wein des Lebens
   In neu geflickte Schläuche rinnt.
Ein Land, in dem allein das Nichtsein
   Die einzige Form der Ruhe bringt.
Ein Land, an das ein Ruder stieß,
   Das doch von Gott bewegt.
Ein Land, das allem Mißgeschick zum Trotz
   Sich selbst besiegt.

Земля, що її не було
      Ніде і ніколи. Може.
Колись і була. Давно.
      Жили там і кривди не знали,
Пили і горілку, пили і вино,
      І медом усе запивали.

Ein Land, das nicht gewesen ist,
              Nirgendwo und nirgendwann. Vielleicht
Auch einmal war. Vor langer Zeit.
              Lebte man dort und kannte keinen Streit,
Und trank den Schnaps, und trank den Wein
              Und auch den Met noch hinterdrein.

ВАН ҐОҐ

Дорога з альтанкою веде
Під розпростерті крила кипарисів
У царство тіні. Жваво джерело
Б'є з каменю, і подих прохолоди
Приємо обдає думки, свідомість, тіло.
І жебоніння чистої води,
І воркотання тихої розмови
Зливаються невидимо в одне.
Навколо розмістилось товариство.
Оподаль примістився Бахус, сплав
Лискої бронзи, міфів та інстинктів,
Із ґроном винограду у руці,
Соромно розчепіривши коліна,
Бог всього, що низьке у нас.
Низьке й природне. Чути,
Як віддалека наростає стук
Підків і скрип поштової карети,
Спішить з пакунком, плямами просяк.
Немов струна, судомно рветься сміх,
Біліє лік і стигне постать панни.
Позаду Арль.

VAN GOGH

Hinter der Laube führt der Weg
Unter die Schwingen breit gefächerter Zypressen
Ins Reich der Schatten. Aus dem Stein
Springt munter eine Quelle, und der Hauch der Kühle
Umfängt Gedanken, tut dem Körper, dem Bewußtsein wohl.
Das Plätschern eines reinen Wassers,
Das Murmeln einer leisen Unterredung
Verfließen unsichtbar in eins.
Ringsum hat sich Gesellschaft breitgemacht.
Bacchus ist gleich daneben anzutreffen, ein Guß
Aus Bronze, glänzend, aus Mythen und Instinkten,
Die Traube unvermeidlich in der Hand,
Mit Knien, schamhaft gespreizt,
Der Gott all dessen, das uns niedrig scheint.
Niedrig und angeboren. Zu hören ist,
Wie von weither ein Hufschlag lauter wird,
Der Postwagen in seinen Fugen ächzt,
Sich mit Paketen eilt, ein bunter Fleck.
Wie eine Saite platzt ein Lachen krampfhaft los,
Glänzt weiß ein Antlitz und verschwindet eine weibliche Gestalt.
Dahinter sieht man Arles.

Natalka Bilozerkiwez

ВИНО АНГЕЛІВ

Є лагідна земля, де діви мов кришталь,
а діти ніби сталь — незламні неодмінно;
де ангелів вино в холодній тиші заль
п'ють змієборці, ставши на коліно.

Є лагідна земля, конаюча трава,
там, де дракон співа, чекаючи віками.
Нахилена його розумна голова,
габа могутніх крил гаптована квітками.

Червоний колір скель, де келії ченців,
де у нужді осель горять камінні чаші;
де ангелів вино невидиме давно,
як сльози на ріці, як мертві душі наші.

Тут перемог нема, й поразок теж нема;
тут скорпіон дріма в ногах рододендрона.
І в сяєві вікна — божественна пітьма,
неначе письмена на шкірі скорпіона.

ENGELWEIN

Es gibt ein Land so sanft, und Mädel wie Kristall
und Kinder wie aus Stahl – unbeugsam und bestimmt;
dort nippen Drachentöter im stillen kühlen Saal
vom Engelwein, den man auf Knien trinkt.

Es gibt ein Land so sanft, ein Gras, das langsam stirbt,
dort wo der Drache singt, seit Urzeiten schon wartet.
Das kluge Haupt gesenkt; von Blumen reich geziert
liegen die Schwingen wie Brokat aus einem Garten.

Die Felsen leuchten rot, wo Möncheszellen sind,
wo in der Dörfer Not steinerne Schalen brennen,
dort wo der Engelwein lang schon unsichtbar rinnt
wie Tränen auf dem Fluß, wie unsere toten Seelen.

Dort gibt es keinen Sieg, noch kennt man Niederlagen;
dort döst ein Skorpion unter dem Holunderstrauch.
Der Glanz des Fensters läßt ein göttlich Dunkel ahnen,
wie Zeichen einer Schrift auf Skorpionenbauch.

САКСОФОНІСТ

у підземній трубі де квіткарки бліді
де повзуть жебраки від руки до руки

де туман сиґарет і ошмаття газет
і калюжки сечі замерзають вночі

      там
      на повен зріст
      саксофоніст
      у блаженну пітьму
      гра не знати кому

в золоту трубу
у нічній трубі
він сурмить весну
віддану йому

як щасливий схлип
як любовний скрик
як терпкий язик
як жертовний лик

як жертовний лик
як терпкий язик
як любовний скрик
як щасливий схлип

DER MIT DEM SAXOPHON

im Tunnel unter Tag tut jeder was er mag
verkauft Blumen, altes Zeug und bettelt an die Leut

der Dunst von Nikotin steht über Pfützen von Urin
und das Zeitungspapier ist durchnäßt vom Bier

> dort spielt
> mit schrägem Ton
> einer sein Saxophon
> ohne die wirklich zu sehn
> die im Halbdunkel vorübergehn

mit seinem Instrument
das ein jeder kennt
bläst er den Frühling an
so gut er es nur kann

wie vor Glück jemand singt
vor Liebe zerspringt
vor Enttäuschung schluchzt
und sein Unglück verflucht

und sein Unglück verflucht
vor Enttäuschung schluchzt
vor Liebe zerspringt
vor Glück jemand singt

ТРОЯНДА

Пора валізу скласти і піти.
Хтозна, що брати — так, аби нести
було неважко; та однак знайти
одразу все, що потребуеш ти.

Зо дві-три щітки, мило і рушник.
Білизну чисту, щоб у певну мить,
коли коханець прийме або ж Бог,
в білизні чистій бути для обох.

В забутім закутку троянда в бур'яні
у райській пущі стрінеться мені.
Як образ Блейка, містика тонка, —
троянда, котра любить черв'яка.

Йому віддавши лоно чарівне,
вона тремтить і уника мене,
і вся поезія — лиш сором і нудьга,
нещасна квітка, люба, дорога ...

ROSE

Man muß die Koffer packen jetzt und gehn.
Beim Packen ist darauf zu sehn, daß man nicht
schwer an ihnen trägt; und daß man trotzdem nichts
vergißt von dem, was nötig ist und angenehm.

Zahnbürste, Handtuch, Seife und dazu
Wäsche zum Wechseln, so daß man im Nu,
wenn es der Liebste will, vielleicht der liebe Gott,
in frischer Wäsche vor den beiden stehen kann.

In einem Winkel steht vom Unkraut fast verdeckt
die Rose, die im Dickicht himmlisch blüht.
Hat was von Mystik an sich, wie ein Bild von Blake,
die Rose, die sich in den Wurm verliebt.

Sie hat den Schoß ihm willig aufgetan,
sie zittert und sieht mich kaum an,
und alle Poesie ist Schall und Rauch
vorm Unglück dieser Blume, die es mir angetan.

НІЖ

Ніж,
        щоб накраяти хліб.
Ніж — майструвати сопілку.
Ніж,
        щоб добити ягня,
вовком скалічене.
                        Так
гола, суха і пісна
пиниться раптом поверхня
потом очищених риб
в юшці Господнього дня.

Знак милосердя і сліз.
Без
        благодатного знаку
не доторкайся:
                        це ніж,
музика, що убива.
Це вже не просто слова —
це та поезія
                    без
слів,
        де трава омива
лезо небес.

DAS MESSER

Das Messer,
       um Brot zu schneiden.
Das Messer – eine Flöte zu schnitzen.
Das Messer,
       ein Lamm zu erlösen,
vom Wolf verstümmelt.
              So
nackt, trocken, armselig
schäumt es plötzlich obenauf
vom Schweiß der geschuppten Fische
in der Suppe vom Tag des Herrn.

Zeichen des Erbarmens und der Tränen.
Ohne
       Zeichen der Gnade
rühr es nicht an:
              das Messer,
die Musik, die tötet.
Mehr als ein Wort –
die Dichtung
       ohne
Worte,
       wo das Gras die
Schneide des Himmels abwischt.

ВАЛЬС

тільки раз
танцювали з тобою вдвох
на моєму весіллі — батьку
моя зачіска просто на рівні твоїх плечей
дивний вираз твого обличчя

бачу шию твою у високому комірі
ресторанних свічок мерехтливі вогні
і пульсуюча кров у червоному кольорі
б'ється ритмом єдиним тобі і мені

із останнього ліжка
піднявши під пахви тебе
чула запах старечого тіла
твоє тепле волосся на рівні моїх грудей
паперова замучена шкіра

ні — цей зім'ятий аркуш я випрямлю й випишу
кров'ю тою що спільна для нас обох
я ці ноти жбурну у обличчя Всевишньому
диригенту на ім'я Бог

і за тебе — в приниженнях шелтера
і за тебе — в катетерах госпісу
буду жити — з бажання протестного
вийду поза можливості голосу

сила дужча ніж з тіла коханих моїх
ласка більша ніж хрест на моїх устах
щось як перший і він же останній сніг
щось як перший і він же останній страх

WALZER

nur einmal
auf meiner Hochzeit
hab ich mit dir getanzt, Papa –
meine Frisur reichte dir bis an die Schulter nur
der Ausdruck deines Gesichts war sonderbar

ich sehe deinen Hals in einem hohen Kragen
im Restaurant die Kerzen flackern auf dem Tisch
und leuchtend rot pulsiert das Blut durch unsere Adern
im gleichen Rhythmus wie für dich so für mich

aus letztem Bett mit Mühe sich erhebend
von meinem Arm dabei sanft unterstützt –
ich spüre den Geruch vergehenden Lebens
jetzt, wo dein Haar mir nur bis an die Brüste reicht
und deine Haut einem zerknitterten Papierblatt gleicht

diesen zerknüllten Bogen will ich glätten, neu beschreiben
mit jenem Blut, das uns gemeinsam ist
die Noten werfe ich dem Dirigenten ins Gesicht
dem Allerhöchsten, den man mit Gott anspricht

für dich – in der Erniedrigung des Krankenbetts
für dich, dem ein Katheder in der Vene steckt
will ich leben, und der Wunsch nach Auflehnung
ist so groß, daß meine Stimme verstummt

die Kraft, die stärker als der Leib meines Liebsten ist
die Liebe, die das Kreuz auf meinem Munde übertrifft
etwas, das wie der erste und der letzte Schnee erscheint
das mit dem ersten Zittern auch die letzte Angst vereint

HOTEL CENTRAL

кому-небудь

в одному з міст де у непевний час
примхлива доля привітає нас
де вечорами в ресторанах джаз
уранці — дзвони з-під готичних арок
там на каналах лілії цвітуть;
там каву п'ють а потім пиво п'ють
і зграями летять в солодку путь
велосипеди осяйних школярок

їх рюкзаки яскраві і легкі
їх ноги довгі стегна їх вузькі
о боже мій і ми були такі
ще десять двадцять тридцять років тому
але облиш свій безпритульний жаль
у кожнім місті є Готель Централь —
для тих хто як і ти ніхто нікому

тут розкладеш нехитрий статок свій
контактні лінзи витягнеш з-під вій
обмиєш плоть дістанеш свій напій
натиснеш кнопку платного каналу —
і все що хочеш; і як хочеш — теж;
заплющиш очі ввійдеш і візьмеш
і музика нічна не знає меж
у камерах твого Готель-Централю

о третій ночі із небесних заль
Бог наче Босх зійде в Готель Централь —
з інсектами що грають на кларнетах
з москітами що п'ють покірну кров
із жабами і слимаками; знов
із рибами; і вся твоя любов —
немов ікра в пекельних кабінетах

HOTEL CENTRAL

für irgend jemanden

in einer Stadt, wo in riskanter Zeit
das Schicksal uns seine Allüren zeigt
wo abends Jazzmusik man hört aus jeder Bar
am Morgen aber Glockenläuten, hell und klar
dort blühen Lilien am Abwasserkanal;
dort trinkt man Kaffee, Bier sodann in dem Lokal
und wie die Schwalben machen sich auf ihren süßen Weg
die Fahrräder der Schulmädchen, gehätschelt und gepflegt

die Rucksäcke sind federleicht, die Marke stimmt
die Beine lang, die Hosen eng, die Hüften schmal
vergiß es nicht, so waren wir ja auch einmal
es ist schon zwanzig, dreißig Jahre her, bestimmt,
laß deinen Kummer fahren, deinen Schmerz, es ist egal,
es gibt in jeder Stadt so ein Hotel Central
für alle, die wie du für Jedermann ein Niemand sind

dort breitest du bescheiden deine Habe aus
ziehst unter deinen Lidern die Kontaktlinsen heraus
wäschst deinen Leib, dein Fleisch, holst deinen Drink
schaltest mit Knopfdruck ein Privatfernsehen an –
und was du willst, und wie du willst, im Handumdrehen
nimmst du es dir, glotzt es nicht lange an
und nächtliche Musik dröhnt überall
in den Gemächern des Hotels Central

um drei Uhr nachts kommt aus dem Himmelssaal
Hieronymus Bosch so wie der Herrgott ins Central –
mit Fliegen die das Blut aus allen Gliedern saugen
Insekten, die zum Klarinettespielen taugen
mit Fröschen und mit Schnecken, um es dann wieder
mit Fischen zu versuchen; und all deine Liebe
ist wie eine Portion Laich in einem Höllenkuchen

немов розмазана по стінах боротьба
слабкого і нещасного раба
людини — і караючого Духа
він твоє тіло ліпить і згина
потім кида в повний чан лайна
а потім двома пальцями вийма
обтрушує і дивиться і слуха

як перший погляд ніжного жалю
як перший дотик як сумне «люблю»
як спалах сонця в згинах перкалю —
Готель Централь стрічає новий ранок

і кожен день — немов останній шанс
і кожна ніч — як у останній раз
і над лілейними каналами летять
велосипеди трепетних школярок

wie Spuren eines Kampfes an der Wand verschmiert
den hat ein Sklave schwach und ohne Glück geführt
ein Kampf des Menschen mit dem Geist, der straft,
der deinen Leib formt, knetet, wie aus Lehm gemacht,
um ihn dann in ein Faß mit Exkrementen voll zu stecken
an zwei Fingern herauszuziehen, kräftig zu schütteln,
bevor er sich umsieht und umhört an allen Ecken

wie der erste Blick voll von Mitgefühl
die erste Berührung, die zaghaft Liebe bekennt
wie die Sonne, die auf dünne Kattunfalten brennt
ist das Hotel Central, das den neuen Tag empfängt

und ein jeder Tag – vielleicht die letzte Chance
eine jede Nacht kann das letzte Mal sein
über Lilienkanälen fliegen wie in Trance
die Fahrräder der Schulmädchen voll Eleganz

Я помру в Парижі в четвер увечері.
Сесар Вальєхо

Забуваються лінії запахі барви і звуки
слабне зір гасне слух і миняється радість проста
за своєю душею простягнеш обличчя і руки
але високо і недосяжно вона проліта

залишається тільки вокзал на останнім пероні
сіра піна розлуки клубочиться пухне і от
вже вона розмиває мої беззахисні долоні
і огидним солодким теплом наповзає на рот
залишилася любов але краще б її не було

в провінційній постелі я плакала доки стомилась
і бридливо рум`яний бузок заглядав до вікна
поїзд рівно ішов і закохані мляво дивились
як під тілом твоїм задихалась полиця брудна
затихала стихала банальна вокзальна весна

ми помрем не в Парижі тепер я напевно це знаю
в провінційній постелі що потом кишить і слізьми
і твого коньяку не подасть тобі жоден я знаю
нічиїм поцілунком не будемо втішені ми
під мостом Мірабо не розійдуться кола пітьми

надто гірко ми плакали і ображали природу
надто сильно любили
коханців соромлячи тим
надто вірші писали поетів зневаживши
зроду
нам вони не дозволять померти в Парижі
і воду
під мостом Мірабо окільцюють конвоєм густим

*   *   *

> *Ich sterbe in Paris am Donnerstag abend*
> Cezar Valechio

Farben und Düfte verblassen, Konturen sind verwischt
das Auge wird schwächer, Gehör und Freude schwinden
nach deiner Seele streckst du die Hand aus und auch dein Gesicht
die aber fliegt vorbei hoch oben, du kriegst sie nicht.

Was bleibt ist ein Bahnhof am letzten Geleise
der graue Dampf der Trennung ballt sich, qualmt
wäscht meine wehrlosen Hände ab vor der Reise
kriecht mit eklig süßer Wärme mir in den Mund
was bleibt ist die Liebe, aber besser sie wäre nicht mehr

in Provinzbetten weinte ich mich in den Schlaf,
rosa Flieder blickte schamlos zum Fenster herein
ein Zug kroch vorbei und die Liebenden schauten matt
wie unter deinem Gewicht das schmutzige Bett um Atem rang
immer leiser der banale Frühling des Bahnhofs verklang

Nicht in Paris werden wir sterben, das weiß ich jetzt sicher,
in Provinzbetten von Schweiß getränkt und von Tränen,
dein Cognac kommt nicht, auch das weiß ich bestimmt
und kein Kuß kann uns trösten, wenn unter der Brücke
von Mirabeau im Dunkel des Wassers ein Kreis zerrinnt.

allzu sehr haben wir geweint, die Natur beleidigt
allzu heftig geliebt, andere in den Schatten gestellt
allzu viel gedichtet, so daß die brüskierten Meister
niemals uns erlauben in Paris zu sterben, schon haben sie
die Brücke von Mirabeau mit Wachposten umstellt.

ЕЛЕГІЯ ПІКАССО

... Тієї ж ночі сніг пішов. Іди,
безшумний сніже, темними устами,
мостами, наче сплетеними снами,
дахами;

стоять сади холодної слюди
в одежі білій з чорними руками ...
Так розбуди
цей ранок понад нами:

художнику, іще ти молодий,
іди ж туди, де стомлені і бідні,
бездомні діти і сліпці безрідні,
жінки безлюбі, матері негарні —
в нічліжки, божевільні і лікарні,
в пивнички,
               в сльози в'ялої води.
Художнику, іще ти молодий,
ще знаєш сам знедоленість і вбогість,
манзарди вогкий пил, і пил, і вогкість,
стілець і ліжко.
             А в осінню тьму —
друг у кав'ярні в голубім диму.

... Куди летять ці голубі кав'ярні,
куди бредуть ці почуття рожеві,
ці акробати мандрівні і ніжні?
— У зрілість, так, у спокій, у достаток,
у спогади прославлених майстрів. —
Про що говорять дві сестри в обіймах,
дволике людство, і святе, і грішне?
— Про зрілість, так, про хруск того портрета
останнього, плямистого, як світ ...

PICASSO-ELEGIE

... Schneefall hat eingesetzt in dieser Nacht.
Nur zu, lautlos, in dunkle Münder,
auf Brücken, wie verschlungene Träume,
auf Dächer;

Gärten erstehn von kaltem Glimmer
in weißem Kleid, mit schwarzen Ärmeln ...
So sollst du diesen Morgen
über uns erwecken:

Künstler bist du, jung an Jahren,
geh dorthin, wo arm und ermattet
Kinder ohne Heim und Blinde ohne Hilfe sind,
Frauen, die ungeliebt und Mütter ohne Schönheit –
in Irrenhäuser, Nachtasyle und Spitäler,
üble Spelunken,
                    zu Tränen abgestandenen Wassers.
Künstler bist du, jung an Jahren,
kennst Armut und auch Mißgeschick,
den feuchten Staub und Schimmel der Mansarden,
ein Tisch, ein Bett, staubig und feucht.
                    Und im Kaffeehaus sitzt ein Freund –
an einem Herbstabend, im blauen Dunst.

... Wohin entfliegt dieses Refugium in Blau,
wohin entgleiten Emotionen dann in Rosa
wie Zirkusakrobaten unbeständig und grazil?
– Zu Reife, Ruhe, Wohlstand und Erfolg,
in die Erinnerung vielgerühmter Meister. –
Was reden die zwei Schwestern eng umschlungen,
ein Wesen zweigesichtig, so heilig wie auch sündig?
– Von Reife, ja, vom Bröckeln dieser Leinwand,
des letzten Bildes, bunt gefleckt so wie die Welt ...

В кубічних віллах сонце пересохле —
це старість, це здобуток, це якась
оригінальна втрата юних літ.

... Тієї ж ночі сніг пішов. Іди,
безшумний сніже. Як життя минає!
Як шелестить слюда, як опадає,
оголюючи нерви-дерева!..

Ні молодість, ні старість не вгадає,
чого шука в житті душа жива.

Vertrocknet ist die Sonne in den Villen des Kubismus –
das ist das Alter, der Erfolg, die Kunst, wie man die jungen Jahre
verliert auf originelle Weise.

... Schneefall hat eingesetzt in dieser Nacht.
Nur zu, lautlos. Das Leben geht vorbei!
So wie der Glimmer segelt, sich zu Boden senkt,
die Nerven-Bäume bloßlegt, nicht bedeckt!..

Und nicht die Jugend noch das Alter werden je erraten,
was eine Menschenseele sucht in diesem Leben.

ДОЩ

Дощ ... Дощ у Львові, Тернополі ...
                        Дощ на обочині
поля, де колія рівна, блискуча стріла ...
Ти у вагоні не спиш як тоді, серед ночі ...
Ні, це не зорі навколо, це сонні тіла.

Спи, уявляй, що ця злива змиває покірні
сльози і піт, одяг, зморшки, гримаси і грим;
складки чужої ваги і облиплої шкіри,
наче наклеєні кимось над серцем твоїм.

Змиється все, і залишиться кість полум'яна,
суть і життя, і поезії — настрій і річ.
Глянеш — це склянка гойдається;
                        глянеш — це рана
кави пролитої плямить простелену ніч!

Запах плацкартних вагонів, вологих подушок,
запах клозету, цигарок, любові й біди,
і нетривкі імена учорашніх подружок —
все залишиться в потоках нічної води.

REGEN

Regen ... Regen in Lemberg und Ternopil ...
                      Regen am Rand des
Feldes, wo Gleise glänzen, gleichmäßig, gerade wie ein Pfeil ...
Du im Waggon schläfst nicht – wie damals, zu später Stunde ...
Es sind nicht Sterne ringsum, nein, Menschen schläfrig im Abteil.

Schlaf ein, denk daran, daß der Regenguß Tränen abwäscht,
und auch Kleider, Schweiß, Runzeln und Grimassen;
Falten, von einem fremden Gewicht in eine straffe Haut gepreßt,
irgendwo über deinem Herz werden von ihm weggewaschen.

Alles wird weggespült, es bleibt ein flammendes Skelett,
von Sein und Leben, und von der Dichtung – Stimmung und Ding.
Du siehst – dieses Glas, es schwankt;
                      du siehst – diese Wunde stammt
vom Kaffee, der Flecken macht auf dem straffen Laken der Nacht!

Der Waggon der dritten Klasse riecht nach feuchten Kissen,
nach Klosett, Zigaretten, Liebe und armer Leute Gepäck
dazu die Namen der Mädchen aus dem Coupé von gestern –
all das bleibt zurück im strömenden Wasser der Nacht.

Oksana Sabuschko

ДРУГА СПРОБА

І от — проламую головою

всі чотири стіни нараз!..
(На таку-то голову — стало ж у Бога міді!) —
Й опиняюся на твердому — хитаючись, мов водолаз,
Який, замість перлів, нагріб по підводдю — мідій ...

«Ну, і що в цім лихого? Їстівна ж штука! — було б
Набагато гірше, аби не приніс нічого!
А що чорним струпом палає стовчений лоб —
То на мідь невразливу нема плавильні у Бога!»

... Але я все волаю, що бачила перли — вони
Там і далі лежать на дні — лиш потрібно другої спроби!

... Але вже зімкнулись назад чотири стіни,
І на вік один — не дається нового лоба.

2000

ZWEITER ANLAUF

Nun denn – mit meinem Kopf
                    durchstoße ich alle vier Wände auf einmal!
(für einen solchen Kopf liegt Erz bereit in Gottes Hand)
lande auf festem Boden – unsicher, einem Taucher gleich,
der statt der Perlen auf dem Grund nur Muscheln fand ...

„Was ist denn schlecht daran? Man kann sie essen! – viel
schlechter wäre es, hätte er gar nichts mitgebracht!
Auch wenn die Beule auf der Stirn schwarz brennt vom Schorf –
für Erz, das sich nicht prägen läßt, hat Gott auch keinen
                    Schmelzofen gemacht!"

... Ich aber schrei, es waren Perlen, die ich sah – sie liegen noch
dort unten auf dem Grund – es braucht nur einen zweiten
                    Anlauf!

... Schon aber haben die vier Wände wieder sich geschlossen,
und für dieses Menschenleben – wird keinem eine neue Stirn
                    gegeben.
2000

*　　*　　*

В тих містечках, де досі звертаються: «Жінко добра»,
Де від готики до бароко одна білизняна шворка
(Одноповерхові околиці, палісадник, рипіння корби ...), —
Там я понеділкую, не страшачись вівторка.
Українська провінція, ще не цілком радянська, —
От хіба що гіпсовий олень вліпився бочком на кручі.
Та новенький райком-обком розкидає простір круг себе

з-панська,

Ну а так — зв'язок із Москвою застиг на фазі заручин,
Тож тепер з палісадників навіть рок — виняткого місцевий:
Ні тобі Розенбаума, ані Люби Успєнской,
І во дні міських ювілеїв на паркових сценах
Не побачиш держателів персональних пенсій.
Прошу також внести в реєстр зацілілий замок:
Навіть Київ свого позбувся, а тут, на диво,
Замкова́ гора — Замково́ю і є: по залах
Трошки портретів, посуд. Нічо', красиво.
....

От і все, що зосталося нам по вселенськім погромі.
(В привокзальнім буфетику — з пивом дядькі мармизаті).
Я сама звідтіля. Я туди й належу — окреме
Тої мене, що про все це може сказати.

1995

*   *   *

In diesen kleinen Städten, wo man bis heute „Gute Frau" sagt,
Dort wo die Gotik vom Barock nur eine Wäscheleine trennt
(Einstöckig die Umgebung, Vorgärten, nur die Winde knarrt), –
Dort mache ich am Montag blau, hab keine Angst vorm Dienstag.
Ukrainische Provinz, noch nicht ganz sowjetisch, –
Wenn auch ein Hirsch aus Gips am Dorfrand unvermittelt steht
Und die Parteizentrale immer noch den Raum ringsum
                                        herrschaftlich prägt,
Nun ja – der Bund mit Moskau blieb in der Verlobungsphase
                                                    stecken,
So ist auch die Popmusik der Vorgärten nun ausgesprochen
                                                    örtlich:
Sowjethits wie Ljuba Uspenskaja findest du nicht mehr,
Und zu den Jubiläen dieser Stadt ist auf den Bänken dort im Park
keiner zu sehen, der eine Rente kriegte aus seinen Privilegien.
Doch bitte sehr, das Schloß ist gut erhalten und ins Register
                                            aufzunehmen:
Nicht einmal Kiew hat ein solches, aber hier, welch Wunder,
Steht auf dem Schloßberg nach wie vor das Schloß: in dessen
Sälen es noch Bilder gibt, Geschirr. Entlockt Besuchern
                                Komplimente,
Auf russisch: Nitschewo, krasiwo.
....
Und das ist alles, was vom weltweiten Pogrom uns blieb.
(Am Bahnhof im Buffet – schräge Gestalten mit viel Bier).
Doch bin ich selbst von dort. Und dort gehör' ich hin –
                                            bis auf jenes ich,
Das davon auch erzählen kann.

1995

*   *   *

Наче читаю збоку своє життя —
Й знай головою хитаю, зчудована: треба ж таке накрутити!
Матінко-відьмо-ворожко, зроби мні такого пиття:
Впасти на білу постіль і нич уже не хотіти!
Хай би в мені не відлунював млістю гул літаків,
Хай би чекання дзвінка не точило мні сни, мов шашіль,
Хай би, которогось дня і години, коли — дочекаюсь-таки, —
Вибачте, пане, — могла б засміятись, — а я вже не ваша!
Завше, щоб вмерти, знайдеться доволі причин, —
Тільки, щоб жити, нема ні одної: оце нас і держить!
... Креслить і креслить на обрії профілі двох мужчин
Творчої сили моєї графітовий стержень,
В цих висиляннях уяви вже стершись напів
(Аж знепотрібніла плоть над кістками костричиться лубом!), —
Сплутавши мови й часи граматичні, «Невже ти мене не
                                                    любив?»
Перебиваючи владним: «Невже ти мене не полюбиш?»
Зліва од серця — ядерний і срібний, мов спис,
Ближче правиці — щільник, натужавілий сміхом іскристим ...
Хоч розвали собі тім'я, кобіто, хоч сядь та упийсь —
Не підпоможе ні о́дна із завчених істин!
Страта козацька — але не жіноцька: до двох дубів
Схилених в'яжуть — і в небо злітаєш, роздертий!
Стільки разів розриваюся, скільки секунд у добі,
Поміж тобою й тобою, життям і смертю ...

1994

108

*   *   *

Als ob ich mein Leben von der Seite betrachtet lese –
Kopfschütteln und Verwunderung: Wie konnte man so was
aushecken!
Mütterchen, Hexe und Wahrsagerin, brau mir einen Trank,
der mich
Aufs schneeweiße Bett fallen und nichts mehr begehren läßt!
Auf daß in mir das Dröhnen der Flugzeuge nicht ohnmächtig
widerhallt,
Auf daß die Weckuhr nicht mit ihrem Ticken meinen Schlaf
wie ein Holzwurm höhlt,
Auf daß ich eines Tages und zu einer Stunde – ich werd' es wohl
erwarten –
Lachend entgegnen kann: „Pardon, mein Herr, ich bin nicht mehr
die Ihre!
Zum Sterben finden immer Gründe sich genug, –
Zum Leben aber nicht ein einziger: jedoch das hält uns!
... Am Horizont skizziert der Bleistift meiner Schaffenskraft
Zwei Männer im Profil, versucht es immer wieder,
Auch wenn bei dieser Anstrengung das Bild beinah verloren geht
(Bis daß das Fleisch sich auf den Knochen sträubt, weil nicht
mehr nötig!), –
Sprachen und Tempora verwechselnd: „Hast du mich nicht
geliebt?"
Die Mächtigen unterbrechend: „Wirst du mich denn lieben?"
Vom Herzen links – kernig und silbern, eine Lanze,
Näher der Rechten – eine Wabe, mit Lachen vollgestopft ...
Den Kopf magst du, Frau, dir zerbrechen, dich setzen und
betrinken –
Es hilft dir keine von den angelernten Wahrheiten!
Das Urteil über einen Kosaken, nicht aber eine Frau: an zwei
Eichen gebunden,
die man zusammengezwungen – fliegst du zum Himmel, in Teile
gerissen!
Wie oft bin ich hin und her gerissen, wie viele Sekunden am Tag,
Zwischen dir und dir – dir Leben und dir Tod ...

1994

НОВИЙ ЗАКОН АРХІМЕДА

«Не руш моїх кіл» (Μη μοι τούς κύκλους τάραττε)
— *так, за переказом, мовив занурений у роздуми Архімед римському
легіонерові, коли римське військо взяло Сіракузи.*

NB: коло для давніх греків — не тільки форма запису думки,
а й символ цілості та суверенності духовного життя взагалі.

Не руш моїх кіл — мої кола тобі не належать.
Ген-ген пароплавчик із морем зшива небосхил,
Потроху штормить, і безлюдніє пляж.

                                Починається нежить.
Збирай рушники й парасолі — не руш моїх кіл.

Вони самоправні — як в камінь вціл­овані морем,
Але і зникомі — піском-попід-вітром крихкі …
Як завтра наш світ упаде, мов Содом і Гоморра,
То власне тому, що над міру винищував кіл!

А я свої довго плекала (ховала, ростила …) —
Аж врешті крізь них проступило, мов фосфор,
                                різким,
Що — ні, не бувається ближче, ніж тіло до тіла,
У нашому світі!
Ніколи.
Ні в чому.
Ні з ким.

При чім же тут тіло?! О дзеркало, хто ця кобіта?..
А ти їй смієшся — мов зараз готовий на скін,
І все, що я можу насправді для тебе зробити, —
Кохати тебе, як пред Богом і морем:
                               НЕ рушачи кіл!

DAS NEUE GESETZ DES ARCHIMEDES

„Zerstör mir meine Kreise nicht" (Μη μοι τούς κύκλους τάραττε)
— so soll laut Überlieferung Archimedes, in Gedanken versunken, einem römischen
Legionär geantwortet haben, als ein römisches Heer Syrakus einnahm.

NB: der Kreis war für die alten Griechen nicht nur eine Form, um
Gedanken aufzuzeichnen, sondern auch ein Symbol für die
Geschlossenheit und Souveränität des geistigen Lebens überhaupt.

Zerstör mir meine Kreise nicht — es sind die meinen, nicht die
deinen.
Dort draußen zieht ein Dampfer seine Spur, vernäht den Himmel
mit dem Meer,
Es stürmt ein bißchen, und der Strand wird leer. Das Leben geht
zu Ende hier.
Pack Handtücher und Sonnenschirme ein — zerstöre nicht die
Kreise mir.

Sie tragen ihr Gesetz in sich — als wie vom Meer in Stein gelegt,
Und sind zugleich vergänglich — vom Wind im Sand verblasen ...
Wenn morgen unsre Welt vergeht, wie Sodom und Gomorra
weggefegt,
Dann nur deshalb, weil auf die Kreise wir vergaßen.

Ich aber habe meine gut gepflegt (gehätschelt, großgezogen ...) —
Bis daß aus ihnen etwas sichtbar wird, ein Schimmer aus der
Leere —
Was — nein, nichts gibt es in der Welt, was näher als
Die Nähe zweier Körper wäre!
Niemals.
Nirgendwo.
Niemandem.

Was soll der Körper hier? Und wer ist diese Frau im Spiegel?..
Du lachst ihr zu — und bist bereit für sie zu sterben,
Und alles, was ich wirklich für dich machen kann, —
Dich lieben vor dem Herrgott und den Meeren:
Und deine Kreise NICHT zu stören!

Про це — всі дерева-і-птахи (лопочучим листям!),
І риби у морі, і звірі у полі — про це ж:
НЕ РУШ МОЇХ КІЛ! — бо нема в них

для тебе користі,
Бо поза своїми — нічого в життю не знайдеш!

О, знав-таки мудрий, що каже, що так загаратав
Напаснику в очі — на двадцять потомних віків!..
І мовлю по-еллінськи: «ме му тос кікльос

тарате», —
Мужчинам,
Імперіям,
Часу:
Не руш моїх кіл.

Родос, 29.04.2000

Denn davon reden alle, die Bäume und die Vögel (mit
                                        Blätterflügelschlagen!),
Die Fische in den Wassern, die Tiere auf dem Feld haben nur das
                                        zu sagen:
ZERSTÖR MIR MEINE KREISE NICHT! – denn nichts ist
                                        dort für dich zu holen,
Denn außer deinen eigenen wirst du im Leben ohnehin nichts
                                        finden.

Es wußte dieser Weise gut, was er da sprach, als er den Römer
In die Schranken wies – für die zweitausend Jahre, die dann
                                        kamen!..
So sag ich auf hellenisch es ihnen ins Gesicht:
Den Männern
Den Imperien
Der Zeit:
„Me moi tos kyklos taratte"
Zerstör mir meine Kreise nicht.

Rhodos, 29.04.2000

ВИЗНАЧЕННЯ ПОЕЗІЇ

Знаю, що вмиратиму тяжко —
Як усі, хто любить точену музику власного тіла,
Хто вміє легко просилювати його
                                        ув отвори страху,
Як у вушко голки,
Хто ввесь вік ним протанцював — так,
                                        що кожен порух
Плечей, і лопаток, і стегон — світився
Далекою тайною смислу, як слово санскритської
                                        мови,
І м'язи під шкірою грали,
Мов риби в нічному ставку, —
Дякую Тобі, Боже, що дав нам тіло!
Отож коли помиратиму, гукніть майстрів,
Аби зняли наді мною покрівлю
(Так помирав мій прадід, кажуть, відьмак), —
І ось тоді, коли крізь розм'якле вже тіло,
Переливаючись, мов крізь некруто зварений
                                        білок,
Проблимне натужно набрякла душа,
Випинаючись потемнінням
(А тіло тимчасом тектиме корчами,
Мов ковдра, що хоче скинути хворий,
Бо вона його душить), —
А душа все пнутиметься прорвати
Стиск плоті, проклін гравітації, — ось тоді
У вилом стелі шумким крижаним зорепадом
Рине Космос
І тягом в свою галактичну трубу
Видує душу, закрутить, як аркуш паперу,
Мою молодісіньку душу
Барви мокрої зелені —
Ах, на свободу! — і:
— Стійте! — скрикне вона в мить прориву
                                        крізь тіло,
В мить на щонайсліпучішім лезі

BESTIMMUNG DER DICHTUNG

Ich weiß, schwer werde ich sterben –
Wie ein jeder, der die feine Musik des eigenen Körpers liebt,
Der diesen leicht durch die Löcher der Angst zwängen kann,
Wie durch ein Nadelöhr,
Der mit ihm ein ganzes Leben durchtanzt hat – so daß jede
                                                    Bewegung
Von Schultern, Brust und Hüften – leuchtete
Von einem fernen geheimen Sinn, wie ein Wort in Sanskrit,
Und die Muskeln unter der Haut spielten,
Wie Fische in einem nächtlichen Teich, –
Dank sei Dir, Herrgott, für diesen Leib!..
Wenn ich also sterbe, holt die Handwerker,
Damit sie das Dach abnehmen über mir
(So ist mein Vorfahre gestorben, ein Zauberer, wie man sagt),
Und erst dann, wenn durch den aufgeweichten Körper,
Wie durch ein schwach gekochtes Eiweiß,
Die mächtig angeschwollene Seele schimmert,
Die dunklen Flecken unterstreicht –
(Der Körper sich indessen aber windet, zuckt,
Wie eine Decke, die ein Kranker abstrampeln will,
Weil sie ihn beengt), –
Die Seele aber immer mehr den Druck des Fleisches,
Den Fluch der Gravitation abschütteln will – ja dann
Strömt tosend im eisigen Sternenfall durch eine Bresche in der
                                                    Wand
Der Kosmos
Und saugt in seine galaktische Röhre
Die Seele ein, rollt sie ein wie einen Bogen Papier,
Meine noch so junge Seele
Von der Farbe des feuchten Grüns –
Hin zur Freiheit – und:
– Halt! – wird sie rufen, da sie den Weg sich durch den Körper
                                                    bahnt,
Auf der haarschärfsten Schneide

Поміж двома світами, —
Стійте, *отут* зупиніться,
Ось де вона, Поезія,
Боже, нарешті!
… Пальці востаннє шарпнуться в пошуках авторучки —
Вже застигаючи, роблячись вже не моїми …

1989

Zwischen zwei Welten, –
Halt, stillgestanden *eben hier*,
Denn hier ist sie, die Dichtung,
Endlich, Gott sei Dank!
... Zum letzten Mal zucken die Finger, suchen nach der Feder –
Werden kälter, sind schon nicht mehr die meinen ...

1989

*   *   *

Од такої тоски
Сопілками стають кістки,
Од такої жаги
На мокві горять шелюги,
Од такого зняття
Землетрусом іде життя,
І з-під стіп
Вогняний вибухає сніп …

День по дню, день по дню
Я в собі корчувала усе, що тобі не потрібно.
Я уже дудоню
Од найслабшого дотику, легка, блакитна і срібна.
Я уже впорожні,
Наче дута китайська фігурка — долонями вгору:
Простягни і візьми —
Я тепер акурат тобі впору.
Що було — не було:
Ми невинністю рівні: всередині — навіть намулу …
Ледь похрускує скло,
Коли я, мов Русалочка, йду босака крізь минуле:
Всюди вирви од бомб,
Брухт по пущених-в-діл поїздах …
Якщо це не любов,
То — в міжбрів'я-упала-звізда,
Що прошила поздовж,
Не зоставивши більше нічого.
Якщо це не любов —
Весь наш світ не од Бога.

Од такої тоски
Починають родити піски,
Од такої жаги
Переходять ріку береги,
І гора з горов
Ізійдуться, як пальці рук …

*   *   *

Ein solcher Drang
Läßt das Mark in den Knochen erstarren
Ein solcher Durst
Läßt Weiden auf feuchter Wiese brennen,
Ein solches Wissen
Läßt die Erde beben
Und unter den Füßen
Flammengarben schießen ...

Tag für Tag und Tag für Tag
Riß ich in mir aus, was du nicht brauchst.
Es tönt aus mir, silbern und blau,
Beim kleinsten Anstoß schon.
Leer ist es in mir
Wie in einer Figur aus Ton – die Hände hoch erhoben:
Greif du nur hin und nimm –
Jetzt passe ich zu dir, wie niemals je zuvor.
Was war – ist *nicht* gewesen:
Wir sind uns gleich an Unschuld: auch im Innersten kein Weh ...
Kaum knirscht das Glas, wenn ich
Einer Rusalka gleich, barfuß durch die Vergangenheit geh:
Trichter von Bomben überall,
Trümmer von Zügen, die entgleist ...
Wenn das nicht Liebe ist,
Dann wohl – ein Stern, zwischen die Augenbrauen
Eingefallen, das Mal vernäht
Ohne sonst Spuren zu hinterlassen.
Wenn *das* nicht Liebe ist –
Ist es nicht Gott, der unsere Welt erschaffen.

Ein solcher Drang
Bringt den Sand zum Grünen,
Ein solcher Durst
Läßt die Ufer über den Fluß treten
Und ein Berg kommt zum anderen
Wie die Finger einer Hand ...

Якщо це — любов,
Все колишнє — порожній звук.

1993

Wenn das nicht — Liebe ist,
ist alles was war — ein leerer Klang.

1993

Serhi Schadan

ІСТОРІЯ КУЛЬТУРИ ПОЧАТКУ СТОЛІТТЯ

Ти відпишеш іще сьогодні, торкаючись теплих літер,
перебираючи їх у темряві, плутаючи приголосні з голосними,
як друкарка в старій варшавській конторі.
Важкі стільники письма
вже тьмяніють тим золотом, із якого сотається мова.
Пиши, лише не спиняйся.
продруковуй ці білі пустоти, протоптуй німий чорнотроп.
Ніхто не повернеться з довгих нічних блукань,
і забуті всіма слимаки помиратимуть в мокрій траві.

В білих снігах, ніби в серветках, лежить Центральна Європа.
Я завжди вірив лінивій циганській пластичності,
бо не кожному випадає цей затяганий шеляг.
Якби ти подивилася в їхні паспорти,
що пахнуть гірчицею і шафраном,
якби ти почула їхні розбиті акордеони,
що відгонять шкірою і арабськими спеціями —
вони говорять, що коли ти їдеш — куди б ти не їхала —
ти лише віддаляєшся і ніколи не будеш ближче, ніж є;
коли мовкне спів старих грамофонів,
з них витікає мастило,
наче томат із пробитих бляшанок
з-під супу.

Не за цими дверима, не в пропалених сонцем містах
розривається кожного ранку натруджене серце епохи.
Час і справді проходить, але він проходить так близько, що

ти,

придивившись, уже розрізняєш його обважнілі волокна,
і повторюєш пошепки почуті від нього речення,
наче хочеш, щоб потім, колись, впізнавши твій голос, можна

було сказати —

так поставала епоха,

GESCHICHTE DER KULTUR VOM
ANFANG DES JAHRHUNDERTS

Du schreibst ab noch heute, rührst an warme Lettern,
wählst aus im Dunkeln, verwechselst Konsonanten und Vokale,
wie eine Druckerpresse in einer alten Warschauer Werkstatt.
Schwer wiegen die Waben der Schrift,
dämmern schon von dem Gold, aus dem sich die Rede spult.
Schreib, nur komm nicht ins Stocken,
bedruck diese weiße Leere, tritt aus einen stummen Weg
                                        im Schnee.
Niemand kommt zurück von langen nächtlichen Irrfahrten,
und die Schnecken, von allen vergessen, sterben im
                                       feuchten Gras.

In weißen Schneewehen, wie in Servietten, liegt Mitteleuropa.
Immer habe ich der faulen Elastizität der Zigeuner geglaubt,
denn nicht jedem fällt dieser vorenthaltene Groschen zu.
Als ob du, Mädchen, in ihre Pässe geschaut hättest,
die nach Senf und Safran duften,
als ob du ihre kaputte Ziehharmonika gehört hättest,
die nach Leder und arabischen Gewürzen riecht –
sie sagen, daß du, wenn du gehst, wohin auch immer,
dich nur entfernst und niemals näher sein wirst, als du bist;
wenn der Gesang der alten Grammophone verstummt,
tritt aus ihnen Schmiere aus,
wie Tomatenmark aus geplatzten Büchsen
für die Suppe.

Nicht hinter diesen Türen, nicht an sonnendurchglühten Orten
bricht jeden Morgen das vielbemühte Herz der Epoche.
Die Zeit geht in der Tat vorbei, aber sie geht so nahe vorüber, daß
                                        du,
kaum hingesehen, schon deren grobe Fasern unterscheidest,
    und das Geflüster wiederholst, das du ihren Sätzen entnommen
                                        hast,
als ob du wolltest, daß man später einmal, wenn man deine
                          Stimme erkennt, sagen kann –

так вона розверталась — важко, як бомбовоз,
залишаючи згаслі планети і перевантажені комутатори,
розганяючи з плавнів диких качок,
які, розлітаючись, перекрикують
вантажників,
бога,
баржі.

Вибираючи курс навчання, поміж інших речей
ти би мала дізнатись —
                                        насправді культура початку століття
вже відтиснулась венами на твоїй повільній руці,
закорінилась в зламах твого цупкого волосся,
перехопленого недбало на вітрі,
                                        розвіяного над пальцями,
ніби струмені теплої води над рукомийником,
ніби глиняні кольорові намиста над горнятами і
                                        попільницями,
ніби довге осіннє небо
над кукурудзяним полем.

so entstand eine Epoche,
so breitete sie sich aus – schwer, wie ein Kampfbomber,
hat erloschene Planeten und überlastete Schaltstellen hinterlassen,
schwimmende Wildenten aufgescheucht,
welche mit ihrem Geschrei
die Träger übertönten,
Gott,
und die Lastkähne.

Bei der Wahl eines Unterrichtsfachs solltest du, mitten unter
anderen Dingen, erkennen –
           die Kultur vom Anfang des Jahrhunderts
hat in der Tat sich niedergeschlagen in den Venen auf deiner
                  langsamen Hand,
Wurzel gefaßt in den Bruchstellen deines geschmeidigen Haares,
unbekümmert eingefangen im Wind,
            um die Finger gewickelt,
wie der Fluß des warmen Wassers über dem Waschbecken,
wie ein farbiger Halsschmuck aus Ton über Töpfen und
               Aschenbechern,
wie der lange Herbsthimmel
über einem Maisfeld.

ПРОДАЖНІ ПОЕТИ 60-Х

Продажні поети 60-х мали б тішитись,
що все закінчилось так успішно;
адже скільки було небезпек,
а бач — вижили, повернули кредити,
хіба що бойові рани
нитимуть під час циклонів,
ніби під час місячних.

Продажні поети 60-х возять за собою
великі валізи із жовтої штучної шкіри;
зупиняючись в готелях,
вони притримують слухавку плечем, наче скрипку,
а на їхніх валізах рясніють рекламні наклейки.
В'єтконг, дівчинко, це і є наше колективне підсвідоме.
Що тобі до мене? — легко викинеш м'яту візитку.
Однією візою в паспорті більше,
однією менше.

Коли-небудь на засніженому летовищі
комусь із них пригадаються всі їхні лекції,
берлінське радіо і мости через Віслу.
«Добре, — подумає він — добре,
то були незлі часи — наші продажні 60-ті,
дарма що в голові по тому
суцільна педерастія і соціал-демократія.
Нас вела за собою любов,
любов виривала нам наші гланди,
як виривають слухавки з вуличних телефонів.
Поезія пишеться горлом,
але це горло безнадійно застуджене».

За всіма законами літератури,
за всіма умовами підписаних ними контрактів

DIE KÄUFLICHEN DICHTER DER 60ER JAHRE

Die käuflichen Dichter der sechziger Jahre hätten sich freuen
können,
daß alles so erfolgreich abgelaufen ist;
wo es doch so viele Gefahren gab,
aber schau – sie haben überlebt, die Kredite zurückgezahlt,
höchstens die Wunden aus alten Gefechten
schmerzen noch bei Wetterumstürzen
fast wie eine Monatsregel.

Die käuflichen Dichter der sechziger Jahre führen
große Koffer mit sich aus gelbem Kunstleder;
wenn sie in Hotels absteigen,
haben sie den Telefonhörer an die Schulter gepreßt, wie eine
Geige,
und auf ihren Koffern prangen Reklameaufkleber.
Der Vietkong, Mädel, das ist es, unser gemeinsames Unbewußtes.
Was willst du von mir? Lässig wird eine verdrückte Visitenkarte
gezückt.
Um ein Visum im Paß mehr,
um eines weniger.

Einmal auf dem verschneiten Flugplatz
erinnert sich jemand von ihnen an alle ihre Lektionen,
an Radio Berlin und die Brücken über die Weichsel.
„Gut", – denkt er – „sehr gut,
das waren keine schlechten Zeiten – unsere käuflichen Sechziger,
vergeblich sind im Kopf davon geblieben
Kommunal-Päderastie und Sozialdemokratie.
Uns führte die Liebe,
die Liebe riß uns die Mandeln heraus,
wie man die Hörer in den öffentlichen Telefonzellen abreißt.
Lyrik wird mit der Kehle geschrieben,
aber diese Kehle ist hoffnungslos erkältet."

Nach allen Gesetzen der Literatur,
nach allen Absprachen und unterschriebenen Verträgen

вони справді боролись за свободу,
а свобода, як відомо, вимагає,
щоби за неї час від часу боролись —
в окопах, лісах
і на сторінках незалежної преси.

Говорячи тут про поезію,
пом'янімо всіх тих, хто залишився
на вуличках і пляжах старих-добрих 60-х,
всіх тих, хто не пройшов до кінця курс реабілітації
і над ким дотепер пропливають хмари,
що своєю структурою нагадують американські верлібри;
пом'янімо їх, оскільки те, що ви називаєте часом,
нагадує звичайну бойню,
де кишки випускаються просто тому,
що це має робитись саме тут;
і виживають після цього
хіба що продажні поети,
з легенями — розірваними
від любові.

kämpften sie tatsächlich um die Freiheit,
die Freiheit aber erfordert bekanntlich,
daß man für sie kämpft von Zeit zu Zeit –
in Schützengräben, Wäldern
und auf den Seiten der unabhängigen Presse.

Wenn wir hier von Lyrik sprechen,
gedenken wir all derer, die zurückgeblieben sind
auf den Straßen und an den Stränden der guten alten Sechziger,
all derer, die den Kurs für Rehabilitierung nicht abgeschlossen
                                        haben,
und über denen bis jetzt Wolken ziehen,
die ihrer Struktur nach an amerikanische Vers libre gemahnt;
gedenken wir ihrer, insofern das, was ihr Zeit nennt,
an ein gewöhnliches Schlachthaus erinnert,
wo man Bäuche aufschlitzt einfach deshalb,
weil das eben hier zu geschehen hat;
und danach überleben
wohl nur die käuflichen Dichter,
mit Lungen – zerrissen
von der Liebe.

СЕРБО-ХОРВАТСЬКА

Юна сербка переходить вулицю,
і оминаючи осінній базар з розвішаним крамом,
помічає, що цієї осені багато золота в хустках і городині —
он його скільки в теплій цибулі;
багато світла в ресторанах,
де на стінах висять
портрети цісаря.

Тепло цієї осені воно торкається і тебе,
і ця юна жінка щось шукає в своєму наплічнику,
викладає на стіл то слухавку то олівці;
буде тобі зима,
будуть тобі сновидіння,
але небо щоосені важчає
і хитрий диявол
хапає собі грішників,
мов жирні фініки
з кольорових упаковок.

Терпкі слов'янські синтагми;
вона розповідає, як купувала конверти в тютюновій лавці,
як зайшла до підземки
і голуби, літаючи, бились об неї, наче об дощ;
за її розповіддю ніхто не зауважує, як заходить сонце,
зауважують тільки, що її вилиці
дещо темнішають.

Спробуй зараз пояснити їй,
що ці осінні годинники,
якщо їх вчасно не зібрати,
просто перестигають і бризкають
на одяг і на долоні соком,
на який потім злітаються оси
і пробивають жалами твою шкіру
аж до самого серця.

SERBO-KROATISCH

Eine junge Serbin geht über die Straße,
vorbei am herbstlichen Bazar, wo die Klamotten flattern,
bemerkt, daß diesen Herbst viel Gold in den Tüchern ist und im
Gemüse –
schau, wieviel davon in der warmen Zwiebel ist;
viel Licht ist in den Restaurants,
wo an den Wänden
Bilder des Kaisers hängen.

Die Wärme dieses Herbstes, sie rührt auch dich an,
und diese junge Frau sucht etwas in ihrem Schultersack,
legt einmal einen Hörer, dann Bleistifte auf den Tisch;
mag für dich der Winter kommen,
magst du Träume haben,
der Himmel jedoch wird mit jedem Herbst schwerer,
und ein schlauer Teufel
faßt sich die Sünder,
wie fette Feigen
aus bunten Verpackungen.

Bittere slawische Syntagmen;
sie erzählt, wie sie Briefumschläge kaufte in der Tabaktrafik,
wie sie in die Untergrundbahn einstieg
und die aufgescheuchten Tauben ihr entgegenprallten, wie dem
Regen;
da sie erzählt, bemerkt niemand, wie die Sonne untergeht,
man bemerkt nur, daß ihre Backenknochen
etwas dunkler werden.

Versuch umgehend ihr zu erklären,
daß diese Herbstuhren,
wenn man sie nicht rechtzeitig erntet,
überreif werden und platzen,
auf Kleider und Hände ihren Saft verspritzen,
wo sich dann die Wespen sammeln
und mit ihren Stacheln deine Haut durchbohren
bis ins Herz hinein.

ПОЛЬСЬКИЙ РОК

Засинаючи, вона пригадала ріку —
десь в улоговинах сну, де вона забувала його обличчя,
охолоджене річище світилось з середини бронзою,
                              хоч сніг засипав течію;
потому з туману виповзали старі повоєнні локомотиви
і виходили робітники в синіх джинсових комбінезонах.

Ми опинились по різні боки зими,
і дикторський голос, пійманий у випадковому таксі,
ще нагадає тобі
вісімдесяті роки і радіо,
наповнене польським роком;
рок-н-рол, який слухали механіки в залізничних депо,
рок-н-рол, який перелітав через Карпати,
просочуючись крізь повітря де-небудь на Рава-Руській;
наша країна не настільки велика, щоби в ній розминутись,
наше повітря не таке безкінечне,
щоби слухати різну музику.

Я думаю, що якби існував прямий зв'язок із Богом,
він би здійснювався саме за допомогою
                      цих теплих коричневих конвертів
з платівками польського року,
з тонкими подряпинами від божих нігтів
на чорних полях;
можеш побачити його вінілову шкіру,
можеш відчути його полуничну кров,
змиваючи пил і
протираючи доріжки
губкою з оцтом.

Сполохані вітром птахи,
заспокоївшись, займають свої місця

POLNISCHER ROCK

Beim Einschlafen erinnerte sie sich an den Fluß –
irgendwo in den Windungen des Schlafs, wo sie sein Gesicht
                                        vergessen hatte,
ein erstarrtes Flußbett leuchtete bronzen aus der Mitte,
                obwohl der Schnee die Strömung zugeschüttet hatte;
deshalb krochen aus dem Nebel alte Nachkriegslokomotiven
und kamen Arbeiter heraus im dunkelblauen Overall.

Wir fanden uns auf verschiedenen Seiten des Winters,
und die Stimme aus dem Radio, zufällig im Taxi aufgeschnappt,
erinnert dich noch einmal
an die achtziger Jahre und die Sendungen,
voll von polnischem Rock;
Rock-n-Roll, den die Arbeiter in den Eisenbahnwerkstätten
                                        hörten,
Rock-n-Roll, der die Karpaten überflog,
der durchsickerte in der Luft irgendwo über der Grenze bei Rawa-
                                        Rus'ka;
unser Land ist nicht so groß, daß man sich nicht begegnen würde,
unser Luftraum nicht so unendlich,
daß man unterschiedliche Musik hörte.

Ich denke, wenn es eine direkte Verbindung mit Gott gäbe,
dann käme sie zustande nur mit Hilfe dieser warmen braunen
                                        Hüllen
mit Schallplatten von polnischem Rock,
mit kleinen Kratzern von göttlichen Fingernägeln
auf schwarzen Flächen;
du kannst seine Vinylhaut anschauen,
du kannst sein mitternächtliches Blut vernehmen,
wenn du den Staub wegwischst und
die Rillen ausreibst
mit einem Essigschwamm.

Vom Wind aufgescheuchte Vögel,
beruhigen sich, nehmen ihre Plätze ein

в проміжках поміж ударами її серця,
не знаючи, шо вона бачить у своєму сні,
про кого вона забуває посеред сухого річища;
весь її життєвий вантаж — родимки на шкірі і
проїзні талони в кишенях куртки;
ось зима перекотиться з сопки на сопку
і прийде гаряча пора,
коли із землі повиростає стільки різних речей,
аж повітря змушене буде піднятися трохи вище,
шоби не зачіпати ці довгі високі стебла,
що ростуть нізвідки і тягнуться в нікуди
якраз під її вікном.

in den Intervallen zwischen den Schlägen eines Mädchenherzens,
ohne zu wissen, was sie in ihrem Traum sieht,
wen sie vergißt inmitten eines ausgetrockneten Flusses;
all ihr Lebensgepäck – Muttermale auf der Haut und
Fahrscheine in den Taschen der Jacke;
schon verrollt sich der Winter von Hügel zu Hügel
und kommt die heiße Zeit,
da aus der Erde so viele verschiedene Dinge wachsen,
daß auch die Luft gezwungen ist sich etwas zu heben,
um nicht anzustreifen an jenen langen Stengeln,
die wachsen aus dem Nirgendwo und sich strecken ins
                                          Nirgendwohin
genau unter ihrem Fenster.

ЕЛЕГІЯ ДЛЯ УРСУЛИ

Човни, завантажені іспанським часником,
по довгій дорозі ввійшли до порту,
обвішані мідіями, ніби фальшивим золотом,
Я знаю — цієї ночі до ранку
сухі простирадла пронизливо
пахли матроськими робами і смолою;
так як ніколи летіли зірки на побережжя,
і доки ти не прокинулась, човни, оминаючи бакени,
забивались тобі між пальців.

Що ти могла побачити перед тим, як померла?
Безперервність повітряного потоку не дозволяє
затамувати подих, безперервність дихання
не дає зупинитись, переходячи через кордони.
Що саме дозволено бачити наостанок
тим, хто має померти?
Десь на півночі материка починала громадитись крига,
і найглибші серця цибулин
на світанку холонули і зупинялись.
Чи ти розгледіла сніг в піднебіннях
рибин, які викидалися із води?
І чи упізнала ти ріку,
що тяглася вниз кам'яним рельєфом,
наче купа мокрих важких
простираделл?

В свої двадцять вісім
я пам'ятаю стільки імен,
про які вже ніхто не говорить в теперішньому часі,
стільки імен, від вимовляння яких
піднебіння забивається кров'ю і снігом,
що навряд чи наважусь говорити про тебе в умовний спосіб;
по-моєму, смерть — це ніби перейти з однієї
порожньої кімнати в іншу,
здіймаючи протяг, який вириває розетки

ELEGIE FÜR URSULA

Kähne, beladen mit spanischem Knoblauch,
liefen nach langer Reise ein in den Hafen,
von Meerestieren behangen, wie von falschem Gold.
Ich weiß – in dieser Nacht bis zum Morgen
rochen die trockenen Laken durchdringend
nach Matrosenkleidern und Pech;
wie nie zuvor fielen Sterne auf die Küste,
und ehe du erwachtest, sind dir die Kähne, vorbei an den Bojen,
durch die Finger geschlüpft.

Was konntest du sehen, bevor du gestorben bist?
Die Ungebrochenheit des Luftstroms erlaubt es nicht
den Atem anzuhalten, unausgesetztes Atmen
läßt nicht einhalten, wenn man Grenzen überschreitet.
Was nur dürfen am Ende die sehen,
die sterben müssen?
Irgendwo im Norden des Kontinents türmten sich Eisschollen,
und das innerste Herz der Zwiebel
kühlte ab in aller Früh und blieb stehen.
Hast du den Schnee erblickt an den Gaumen
der Fische, die aus dem Wasser gesprungen sind?
Und hast du den Fluß erkannt,
der sich nach unten zog, als Relief von Stein,
wie ein Haufen von feuchten schweren
Bettüchern?

Mit meinen achtundzwanzig
kann ich mich an so viele Namen erinnern,
von denen schon niemand mehr spricht in der heutigen Zeit,
so viele Namen, von deren Aussprechen
der Gaumen sich beschlägt mit Blut und Schnee,
daß ich kaum es wagen werde, über dich in der üblichen Weise zu
                                                              reden;
Tod – das heißt für mich hinübergehen aus einem
leeren Zimmer in ein anderes,
die Zugluft abstellen, die die Steckdosen herausreißt

і вистуджує кров тим, хто залишився.
І юні хоробрі птахи з обвітреними серцями,
і хвилі північних озер, що стоять по горло в воді,
не наважуючись вийти на берег,
і високі дерева — позбавлені листя, мов громадянства:
повертайся туди, де на повіках тверднуть тьмяні перлини

чекання,
де на пісках виростають водорості і солодкий тютюн,
де, не зрадивши прапора і не знайшовши спокою,
кожного ранку збираються юнги із затонулих човнів,
і над ними до ночі літають душі
розчавлених помаранчів.

und das Blut stocken läßt bei denen, die zurückgeblieben sind.

Und die jungen mutigen Vögel mit windzerzausten Herzen,
und die Wellen der nördlichen Seen, die bis zum Hals im Wasser
                                                    stehen,
es nicht wagen ans Ufer zu gehen,
und die hohen Bäume – ohne Laub, so wie ohne
                                        Staatsbürgerschaft:
Kehr zurück dorthin, wo auf den Lidern die dunklen Perlen des
                                        Wartens erstarren,
wo auf dem Sand Wasserpflanzen wachsen und süßer Tabak,
wo sich jeden Morgen die Schiffsjungen von gesunkenen Kähnen
                                            versammeln,
die ihrer Flagge treu geblieben sind und keine Ruhe gefunden
                                        haben,
und über ihnen bis in die Nacht die Seelen
von zerquetschten Orangen fliegen.

МОЛОДШИЙ ШКІЛЬНИЙ ВІК

Це уже вкотре все починається спочатку,
і я говорю так, ніби бачу її вперше —
все як завжди, просто сьогодні надто холодний
вітер в поштових скриньках,
і в сірникових коробках печально дзвенять
жовті монети.

Просто надходить той вік,
коли починають снитись однолітки,
наче час повертається назад, щось забувши.
Скільки їх вижило — цих вічно голодних вовченят?
Всі їхні мандрівки в нікуди
починались, як правило, з центральних вулиць.
Дивитись на життя крізь вікна автостанцій,
померти в дорозі, яка ніколи не закінчиться —
років десять тому ти теж
так часто користувалась
чужим шампунем,
що твоє волосся іноді втрачало
свій власний запах.

А ось тепер сни обриваються
просто в твоєму тілі, як міжміські телефонні розмови,
і липневі автобуси,
крісла в яких пахнуть сандалом і звіробоєм,
повертаються до твого міста,
де кожного літа ти знаходиш
заіржавілі леза у ванній кімнаті
і вуличні автомати з колою.

Що змінилось? Виросли дерева,
зникли старі кінотеатри
і молочні магазини.
Лише дощова вода все така ж солодка,
особливо коли потрапляє на яблука.

GRUNDSCHULALTER

Das gab es schon öfter, alles beginnt von Anfang,
und ich rede so, als sähe ich sie zum ersten Mal –
alles wie immer, nur heute weht ein überaus kalter
Wind in den Postkästen,
und in Streichholzschachteln klingen kläglich
gelbe Münzen.

Es kommt einfach jenes Alter,
da man von Gleichaltrigen träumt,
als ob die Zeit umkehren würde, etwas vergessen hätte.
Wie viele von ihnen haben überlebt – von diesen ewig hungrigen
Wolfsjungen?
Alle ihre Wanderungen ins Nirgendwo
begannen in der Regel auf den Hauptstraßen.
Das Leben betrachten durch die Scheiben der Bushaltestellen,
sterben auf einem Weg, der niemals zu Ende geht –
vor zehn Jahren hast auch du
so häufig ein fremdes
Shampoo benutzt,
daß dein Haar manchmal
seinen eigenen Geruch verlor.

Jetzt aber reißen die Träume
einfach ab in deinem Körper, wie Ferngespräche,
und die Juliautobusse,
deren Sitze nach Sandelholz und nach Johanniskraut riechen,
kehren in deine Stadt zurück,
wo du jeden Sommer
verrostete Rasierklingen im Badezimmer findest
und auf der Straße Automaten mit Cola.

Was hat sich geändert? Die Bäume sind gewachsen,
die alten Kinos und die
Milchläden verschwunden.
Nur das Regenwasser ist immer noch so süß,
besonders, wenn es auf Äpfel fällt.

Тоді вони важчають
і довго-довго падають у пісок,
розбиваючись на смерть
під гарячими небесами.

Die werden dann schwerer
und fallen lang-lang in den Sand,
fallen zu Tode
unter heißen Himmeln.

АТЕЇЗМ

№ 1

Ти завжди ставилася
до цього з підозрою
Маріє

Але ось вим'я його серця
стікає молоком болю

І ти просидівши біля нього
ніч на дощі і вітрі
відчуваєш як твоя шкіра
мов засмагою береться іржею
зневіри

Ти уважно розглядаєш
рубець від поцілунку учня
що червоніє на його неголеній щоці
мов слід тупого леза

І твої руки ще довго
будуть пахнути бензином
яким ти палила
наші міста

№ 2

Ти здається
говорив колись
що часто уявляєш собі
ангела — великого білого птаха
з гострим сильним дзьобом
щоб розбивати тверді
горіхи Божого смутку

ATHEISMUS

Nr. 1

Du hattest dagegen
immer Vorbehalte,
Maria

Aber das Euter seines Herzens
fließt über von der Schmerzensmilch

Und du, die du neben ihm gesessen bist
eine Nacht lang bei Regen und Wind
spürst wie deine Haut
wie mit Sonnenbräune sich überzieht mit dem Rost
des Unglaubens

Du betrachtest aufmerksam
die Narbe vom Kuß des Jüngers
die rot leuchtet auf seiner unrasierten Wange
wie die Spur einer stumpfen Klinge

Und deine Hände werden noch lang
nach dem Benzin riechen
mit dem du unsere Städte
in Brand gesetzt hast

Nr. 2

Du hast, wie es scheint
einst gesagt
daß du dir oft einen Engel
vorstellst – einen großen weißen Vogel
mit starkem spitzen Schnabel
um die harten Nüsse der göttlichen
Trauer zu knacken

Сіль запеклася
на твоїх пальцях
адже слово Боже воно
як таранька — його смакуєш
проте ним не наситишся

Вечорами ти довго сидиш
на порозі
зчищаючи з риб'ячих спин
срібні монети луски

А над твоїм одвірком
світитися на місяці
маленька підкова
з чортячого копита

№ 3

Ти цілуєш його
і разом з твоєю слиною
на його губах
зостаються
мікроби зради

На прощання
ти міцно тиснеш
його кістляві руки
і з-під твоїх пальців
птах зради
слизький і пітний
вибивається вгору

Перш ніж
відійти від нього
ти вимовляєш
кілька слів
і твій язик

Das Salz bildet Krusten
auf deinen Fingern
das Wort Gottes aber es ist
wie ein Weißfisch – du kostet davon
wirst aber nicht satt von ihm

An den Abenden sitzt du lange
auf der Schwelle
schabst von den Fischrücken
silberne Münzen Schuppen

Über deinem Türrahmen aber
funkelt im Mondlicht
ein kleines Hufeisen
von einem Teufelsfuß.

Nr. 3

Du küßt ihn
und zusammen mit deinem Speichel
bleiben
auf seinen Lippen
Mikroben des Verrats

Zum Abschied
drückst du fest
seine knochigen Hände
zwischen deinen Fingern
schlüpft der Vogel des Verrats
feucht und glitschig
entflieht nach oben

Bevor du noch
weggehst von ihm
murmelst du
ein paar Worte
und deine Zunge

б'ючись мов риба
відкладає
ікру зради
в твоїй горлянці

І єдине
що тебе може видати
це хіба що
той самий язик
котрий
на відміну від твого
блідого обличчя
довго паленітиме з сорому

№ 4

Ти питаєш мене
що я відчував наприкінці?
власне що я міг
відчувати
коли мої легені
пірнувши
всього-на-всього
зависають в нутрощах тіла
щоби вилущувати з мушлі
повітря перлини кисню
тож чи здатен я був осмислити
причину своєї задухи?

Потім вони творили Йому:
за цими дверима повісився Юда
і його тіло — побите й порізане —
зависає в кімнаті
мов розстріляні легені землі.

hüpfend wie ein Fisch
legt den Laich
des Verrats
ab in deiner Kehle

Und das einzige
was dich verraten kann
ist wohl
eben diese Zunge
welche
im Unterschied zu deinem
weißen Gesicht
lange glühen wird vor Scham

Nr. 4

Du fragst mich
was habe ich verspürt am Ende?
was konnte ich denn
verspüren
da meine Lungen
untergetaucht
doch nur
im Inneren des Körpers hängen
um aus der Muschel der Luft
die Perlen des Sauerstoffs herauszufiltern
konnte ich also fähig sein den Grund
meiner Atemnot zu verstehen?

Dann sagten sie zu Ihm:
hinter dieser Tür hat sich Judas erhängt
und sein Leib – geschunden und zerfleischt –
baumelt im Zimmer
wie die zerschossenen Lungen der Erde

Taras Prochasko

MASSLOSE TAGE

Der Roman „Neprosti" verschmilzt die wechselvolle Geschichte der Karpaten – der geheimnisvollen und sagenumwobenen Vielvölkerregion Südosteuropas – mit einer Familiengeschichte. Diese Familie durchlebt Weltkriege und Völkerwanderungen und überlebt – dank Neprosti: mythischen Gestalten, halb Guerilla, halb Zauberer, die durch Sprechen Heilung der Leidenden herbeiführen und durch Erfindung immer neuer Sujets die Geschichte lenken. Und nicht zuletzt dank der Liebe, deren häufig fatale Grenzenlosigkeit für die ungebrochenene Familientradition sorgt.

(Roman Dubasevych)

1. Am Morgen erwachte Franzisk von einem völlig unbekannten Geruch. Zunächst schien es ihm, als ob ein Wunder geschehen und statt des erwarteten Winters, der Sinn bringen sollte, die Zeit der Junischauer und des üppigen Grüns gekommen sei. Als Anna jedoch gegen Morgen in ihr gemeinsames Zimmer eintrat, legte Franz einen neuen Geruchskalender an, in dem die Jahreszeiten eine andere Reihenfolge hatten.

Die Realität ist für diejenigen da, denen eine Anna fehlt.

2. Zum ersten und letzten Mal in seinem Leben liebte sich Sebastian mit einer Frau, die er erst seit einigen Stunden kannte.

Sogar in Afrika war es anders gewesen. Er bestimmte zwar die Frauen, die die seinen wurden, auf den ersten Blick, war jedoch stets überzeugt, daß es zur Liebe nicht mehr kommen werde. Obwohl sie sich längere Zeit umeinander kümmern, über ihre Kindheit sprechen, einander Bücher nacherzählen würden, so daß sich die Menge des Gelesenen sofort verdoppelte, einander zu Essen geben, den Körper waschen und wärmen, das Gesehene von beiden Seiten der Straße zeigen würden. Erst später wurde klar, daß in einer solchen Koexistenz nur eine unabweichliche Richtung vorgegeben ist. Da sie nicht die Liebe zu sich selbst, sondern zum anderen bedeutet, schließt sie auch eine Erweiterung des Zugangs zum Territorium des anderen ein. Und man kann zu einem Ort gelangen, von dem aus man sich nur nach innen erweitern kann, nur unter die Haut. So erging es auch Sebastian.

Was die Frauen anlangte, so wurde keine beim ersten Anblick von Sebastian vom unüberwindbaren Wunsch ergriffen, ihn zu lieben. Die Unabwendbarkeit dessen zeigte sich erst allmählich – es genügte schon, ein wenig in seiner unmittelbaren Nähe gelebt zu haben. So lief es nämlich in Afrika. Schließlich war Sebastian derartiges nur aus Afrika bekannt.

Erst nach einer Nacht in Jaliwez gelangte Sebastian zu der Überzeugung, daß sein Europa existierte.

3. In der Nacht setzte starker Schneefall ein und der Winter, der in jenem Jahr bis Mitte April andauerte, begann. Dank der Fähigkeit des Winters, vielgestaltiger als alle anderen Jahreszeiten zu sein, war jeder Wintertag anders.

Und nie war es zweimal gleich gut gewesen.

4. Anna konnte nicht glauben, daß es solch eine unwahrscheinliche Ähnlichkeit gab – wellenförmige Linien wiederholten sich, bogen oder wölbten sich genau den anderen Biegungen und Wölbungen folgend, überlagerten sich so, daß zwei Oberflächen weder sich selbst, noch die andere Oberfläche, sondern das Erscheinen einer dritten nachvollzogen, die eine derart vollkommene Feinheit erreicht hatte, daß sie sich ganz von selbst schlängelte und bog.

Zufällig entstehen solche Einheiten nicht. Eine vollkommene Feinheit, eine feine Vollkommenheit, die derart leicht von einem zum anderen wechselt und das über einige Generationen hinweg.

Die Liebe sieht keine Gegenseitigkeit vor, sagte Anna, und Sebastian schwieg, denn es wurde ihm bewußt, daß sie einer Antwort ebensowenig bedurfte. Es schien ihm, als ob etwas auf der Welt in Bewegung geraten sei, daß die Welt durch ihn in Bewegung geraten sei. Und obwohl die Liebe keine Zukunft hatte, die Verwendung des Futurums verweigerte, konnte er sich selbst im Alter nur zusammen mit Anna vorstellen.

Anna öffnete das Fenster. Nun war das Schlagen der Weintrauben gegen die Scheibe nicht mehr zu hören, denn die Äste schwebten ins Zimmer hinein. Und der Wind legte sich nicht etwa aufgrund der Abwesenheit eines Windmessers – vielmehr setzte schwerer Schneefall ein, drückte ihn allmählich zur Erde und bedeckte ihn. Genauso gleichmäßig und gemächlich flog der Schnee ins Zimmer und ließ sich auf dem Bett nieder. So herrschten dort sechs Flüssigkeiten – Speichel, Blut, Schneewasser, Schweiß, Annas Feuchtigkeit und Sebastians Samen.

5. Am Morgen frühstückten sie zu dritt. Sie mußten zu dritt aneinandergereiht an einem engen, langen Tisch sitzen, der mit einer Seite ans Fenster geschoben war. Sebastian hatte so gut wie keinen Afrika-Duft mehr. Und von seinen Fingern wollte sich der Duft von Annas Schleimhäuten nicht abreiben lassen, deswegen mußte Franzisk entscheiden, wie sie sich nun setzen sollten: er – Anna – Sebastian, er – Sebastian – Anna oder Anna – er – Sebastian.

Man brachte Anna einen Brief vom alten Beda, der diesmal in die Verpackung des gleichen Tees eingeschlagen war, den sie beim Frühstück den Männern gereicht hatte. Sie überlegte, was sie nun an Beda zurückschreiben werde, wenn sie keine Fragen mehr habe.

6. In jenem Winter kam es Franzisk plötzlich, daß er keine einzige Photographie für seinen Artikel im *Larousse* habe. Man könnte ins „Chamäleon" gehen und sich photographieren lassen, aber Franz traf die richtige Entscheidung. Angesichts einiger hundert Varianten dieses Artikels wäre selbst das beste Porträt beliebig. Man sollte sich mit jeder neuen Version des Artikels ein neues Photo machen lassen (einmal hatte er sich einen Film dieser Art ausgedacht: Zwei Jahre lang fotografierte er jeden Tag eine Person in der gleichen Haltung an der gleichen Stelle und ließ dann diese Evolutionsreihe mit verschiedenen Geschwindigkeiten laufen. Denn vor dem Hintergrund der Evolution treten die Details besonders scharf hervor).

Also griff Franz zu der seltsamen Methode, etwas völlig Unerwartetes zu erfinden, statt etwas Versäumtes nachzuholen.

7. Nach dem Frühstück (letztlich beschloß Franz, das Richtigste wäre, wenn Sebastian immer in der Mitte säße, nachdem er sich mit dem Gedanken versöhnt hatte, daß Anna nun immer nur neben ihrem Mann sitzen werde – er selbst mußte nah bei Sebastian sitzen, damit man sich über alles gut unterhalten könne) nahm

Franzisk Anna den zweiten Schlüssel von Sebastians Zimmer weg, denn das Zimmer werde ja nicht mehr zugesperrt, und er selbst werde es nicht betreten. Er las Bedas Brief durch und sagte, daß er Anna das schon einmal erzählt habe, denn er erzählte ihr alles, was er wußte, und die Schilderungen vom alten Beda kannte er. Offensichtlich war sie noch zu klein gewesen, als eben diese Erinnerung erzählt wurde, und so geriet sie in Vergessenheit. Wenn sie wolle, könne sie es noch mal hören, wenn er – unbedingt – ihre ganze Geschichte Sebastian erzählen werde.

Dann holte Franz einen für den Sommer dort abgelegten Schafspelz aus dem Bett und begab sich zum Hotel „Union", wo in einem Zimmer des zweiten Stocks bereits seit ein paar Jahren der einzige Auftragsmörder in Jaliwez residierte.

8. Stefan war sehr verwundert, als Franz in seinem Hotelzimmer erschien. Franz konnte in Jaliwez jeden umbringen, ohne dafür einen Auftragsmörder zu brauchen – alle hatten allzugroßen Respekt vor ihm. Stefan kam gerade von einem gelungenen Auftrag in Kosmatsch zurück und mußte noch ein wenig an seinem Gewehr werkeln.

Bevor Franz kam, schaffte er es, einen Gottesdienst zu besuchen und sogar die Hostie zu empfangen. Aber er schluckte sie nicht hinunter, sondern behielt sie im Mund, brachte sie ins Hotel und legte sie in ein Loch hinein, das er zuvor in die Wand gebohrt hatte. Er lud eine Kugel ins Gewehr, ging an die andere Wand und zielte auf das Loch. Gut, daß er traf. Diesen Schuß hörte Franz zwischen dem ersten und zweiten Stock, als er mit dem Fahrstuhl fuhr, der von zwei Arbeitern hoch unter dem Dach mittels eines Rades hochgezogen wurde. Stefan legte die Waffe beiseite und begann das Blut von der Wand aufzufangen. Franz machte die Tür auf. Nun galt es, das Gewehr mit dem aufgefangenen Blut einzuschmieren, aber Stefan wollte das nicht in Anwesenheit von Franzisk tun.

9. Rasch erklärte Franzisk seinen Auftrag.

Er wolle, daß Stefan ihn unauffällig – so wie er das gut könne – überwache. Ihn beobachte wie ein Auftragsmörder. Gute Positionen zum Schießen auswähle und passende Augenblicke für einen Schuß suche. Statt eines Gewehrs solle er aber eine Kamera führen. Franz gebe Stefan drei Monate Zeit. Danach hole er seine Hundert Bilder ab und zahle den Rest des Geldes aus. Hauptsache, daß er weder Franzisk noch irgend jemandem dabei auffalle. Nachdem er von der Höhe des Honorars gehört hatte, ging Stefan bereitwillig darauf ein, ohne sich Gedanken darüber zu machen, daß er nicht einmal wußte, wie eine Kamera überhaupt aussah.

Übrigens, dank dieser Nachlässigkeit von Stefan waren viele Menschen noch am Leben. Stefan nahm – nach ukrainischer Art eben – mehr Aufträge an, als er erfüllen konnte. Deswegen mußte man sich Jahre gedulden, bis einige Aufträge erfüllt wurden, manche gerieten ganz in Vergessenheit. Aber nun verstand Stefan, daß er mit Franz nicht zögern sollte. Ihm wurde berichtet, daß Franz jene achtzehn Wörter kenne, von denen das Gewehr zu zittern beginne und das Ziel von selbst komme, weinend, und sich so stelle, daß man es gleich aus dem Fenster abschießen könne.

Franz zeigte ihm, wie man eine Kamera bediente und war weg. Stefan schmierte geschwind sein ganzes Gewehr mit dem Blut von der Wand ein. Er wußte, daß es eine schreckliche Sünde war und er nun Judas gehören werde. Dennoch machte er es immer so, damit das Gewehr nie versagte, besonders nachdem das Blut aufgekocht war.

10. Jeden Tag nahm Franz Sebastian mit auf seine Ausflüge nach Jaliwez. Der Frost war sehr stark und die Rutschbahnen tauten selbst an sonnigen Tagen nicht auf. Endlich hatte Franz jemanden zum Sprechen – es stellte sich heraus, daß Sebastian als richtiger Schütze ebensoviel sehen konnte. Es schien, als hätte es zwischen ihnen unendliche, wichtige Gespräche geben sollen, denn das Problem Mitteleuropas war ein stilistisches, oder nein – ein paar Worte, das Hindeuten auf das Gesehene.

Wann immer sie eine Bar betraten, tranken sie Gin, verdünnt mit brühendem Wasser, und dazu den frischgepreßten Saft leicht angefrorener Äpfel, die man im Herbst an den Bäumen gelassen und eben erst von schneebedeckten Zweigen gepflückt hatte.

Manchmal wanderten sie zu jener Stelle, an der die erste Anna umgekommen war, und Franz zeichnete im Schnee die Schemen immer wieder neuer Versionen ihrer Familiengeschichte. Es gibt Dinge, die wichtiger sind als das Schicksal, sagte er. Vielleicht die Kultur. Und Kultur – das ist die Familie, ihre Generationenfolge, und das bewußte Da-Sein in ihr. Franzisk bat, dafür zu sorgen, daß die Kinder von Sebastian und Anna diese Stelle unbedingt einmal besuchten. Ferner jene Stelle, an der Franz Sebastian begegnet war (er hätte beinahe den Buchenwald mit dem nicht vernichteten Film erwähnt, faßte sich aber rechtzeitig, schließlich wußte er nicht so viel über Neprosti), andere Orte kämen mit der Zeit dazu. Denn die Zeit ist die Expansion einer Familie in die Geographie hinein.

11. Es gab Tage, an denen Sebastian seine Afrika-Flinte mitnahm. Mit deren Hilfe konnte man sich an besonders steilen Abhängen gut abstützen. An einem solchen Tag sprachen sie über ihre Träume. Kein Wunder, daß sich der Traum von Franz als der komplexere herausstellte.

Sebastian träumte davon, alt zu sein und auf einer Felsinsel in einem warmen Meer zu leben, das ganze Jahr hindurch leichte Leinenhosen zu tragen, nur wenig herumzulaufen, dafür auf einer Steinbank neben einer leeren Hütte zu hocken, den ganzen Tag Rotwein zu trinken, trockenen Ziegenkäse zu essen und ein paar Tomatenstauden zu betrachten und nicht das Meer, in dem er jede Nacht baden würde, solange die Levkojen dufteten.

Franzisk träumte dagegen von einer Frau mit einigen Paaren von Brüsten.

Plötzliche bückte sich Sebastian und stieß Franz mit seinem Kopf in den Bauch, Franz rollte vom Schneehaufen, Sebastian drehte sich auf dem Boden und schoß über seine Schulter hinweg, auf dem Rücken liegend, aus der schneeverstopften Flinte. Auf einem fernen Hügel hörte man etwas klirren. Sie lagen noch eine Weile so da, gingen sie dorthin und fanden den durchlöcherten Stefan mit einer kaputten Kamera.

Sebastian hatte das Glitzern des Objektivs für das Spiegeln eines Zielfernrohrs gehalten. Stefan hatte das Wichtigste außer Acht gelassen: Er dürfe nicht gesehen werden – sagte Franzisk. Und für das Außerachtgelassene muß man geradestehen.

Es ist schon eine andere Geschichte, daß Franzisk nun ohne ein Photo für die Enzyklopädie auskommen mußte. Zum Glück fand er noch Gefallen an der Reduktion.

12. Nach diesem Zwischenfall wollte Anna das Handwerk des Scharfschützen erlernen.

13. Zunächst solle man seinen Körper lieben, sagte Sebastian zu Anna.

Und die Gegend, in der alles stattfindet.

Denn der Körper ist die Pforte zum Gehirn.

Wenn du richtig und schnell denken willst, muß die Pforte immer geöffnet sein.

Damit die Gedanken ungehindert hinein- und hinausgehen können.

Die Gedanken sind nur das, was aus der Landschaft kommend vom Körper gefiltert wird und durch ihn wieder ausfließt.

Die Zwanglosigkeit der Donator-Akzeptor-Beziehung.

Im Wasser liegen und seinen Duft nicht hören.

Unter das Gras schauen und seinen Geschmack nicht fühlen.

Mit dem Blick den Geschmack dessen fühlen, was du berührst.

Die Pforte geht nur dann auf, wenn man sie liebt.

Geh doch auf, du gehst immer so schön auf.

Mit den Nägeln kann man kratzen sowie sich festhalten.

Weite deinen Blick, halte deinen Blick, halte den Blick durch.

Übertrage die Wünsche deines Körpers, dort zu sein, wo du nicht hinlangst, auf die Flinte.

Verliebst du dich in eine Gegend, wird sie zur Erweiterung deines Körpers.

Nicht du schießt, sondern das Relief.

Nicht du denkst, sondern der Körper.

Nicht die Kugel erreicht, sondern der Gedanke.

Jeder Gedanke ist ein Wunsch, der es geschafft hat, die Pforte hinein und hinaus zu passieren.

Was du, Anna, allein machen kannst, mache es ohne irgend jemanden.

Sage das, was du eben gedacht, und denke so, wie du eben empfunden hast.

Weine vor Zärtlichkeit, denn sonst wirst du nicht so stark sein.

Beachte deinen Atem, denn nur er vermag das Diktat des Rhythmus herzustellen.

Beachte stets die Bäume, auf ihr Verschwinden und Auftauchen kannst du dich verlassen.

Wenn du sehr müde bist, hör auf, unbiegsam zu sein und schlafe ein.

Erreiche mit den Lippen deine Mitte.

Ins Fenster schießen ist wie in die Fenster schauen.

Versuche zu verstehen, wie die Schwarzen Jazz machen.

Offenheit. Großzügigkeit. Dankbarkeit.

14. Um diese und eine Unzahl anderer Feinheiten der Scharfschützenkunst zu lernen, muß man sich rücksichtslos an einen strengen Tagesablauf halten – einander ständig lieben; und das nur im Freien. Lange, leicht, stark, schnell, zärtlich, unnachgiebig, ungeschickt, schön, weise, aufmerksam, sehr aufmerksam, weise und schön. Auf der Erde, auf dem Laub, auf dem Moos, auf den Bäumen, unter den Bäumen, auf den Hügeln, in den Löchern, im Winde, unter dem Schnee, auf dem Eis, entlang einer Straße, quer auf der Brücke, über der Stadt, im Dunkeln und des Nachts, im Lichte und am Tage, vor, nach, während des Essens, schweigsam und schreiend. Im Stehen. Im Gehen. Sitzen. Liegen. Soviel eben während des ganzen überlangen Winters des Jahres 1914 zu schaffen war.

Den ganzen langen Winter, der bis April 1914 andauerte, betrat Sebastian mit Anna keine geschlossenen Räume. Anna sagte, was sie eben gedacht, und dachte, wie sie eben empfand. Sie weinte vor Zärtlichkeit, denn noch nie in ihrem Leben war sie so stark gewesen. Manchmal, als Sebastian in ihr war, dachte sie, man müsse sich noch näher kommen. Und manchmal war er ihr unheimlich nah, durch etliche Hemden hindurch. Als sie sich beugte, war er überzeugt, daß etwas ihn zwinge, sich ebenfalls zu beugen. Als ob sich um die Haut herum noch eine Schicht, eine Art elastischer Hülle bildete.

Maßlose Tage.

Aus dem Roman „*Neprosti*".

Mykola Rjabtschuk

DIE BLEIBE

> Mag sein, daß es für keinen von uns einen Ort gibt.
> Obwohl wir wissen, daß es einen geben muß, irgendwo; und wenn wir
> ihn fänden, und wenn wir dort auch nur einen Augenblick sein dürften,
> könnten wir uns selig preisen.
> Truman Capote, „Die Grasharfe"

Ein Mann war gestorben. Und da er bis zuletzt im Besitz der Herren Generäle war, lag sein weiteres Schicksal in ihren Händen.

Sein Begräbnis wurde beschlossen, doch stellte sich heraus, daß für das Begräbnis die Erlaubnis einer Sonderkommission notwendig war.

Der Mann wurde in einen ungehobelten, aber neuen Sarg mit geschmackvollem Anstrich gelegt und so bis zum Eintreffen der Kommission belassen. Dort verfaulte er langsam und verwandelte sich in einen Haufen weißer Knochen. So zu liegen war etwas unbequem, aber der Mann vermochte sich gedanklich abzulenken. Am häufigsten stellte er sich den Tag vor, an dem die Kommission eintreffen würde. Die Herren Generäle würden dann alle in Reih und Glied stramm stehen, vielleicht würden sie ins Zimmer mit dem Verstorbenen gar nicht vorgelassen.

Die Kommission kam und kam jedoch nicht, und als die Herren Generäle zum zweiten Mal vorbeischauten, stellten sie fest, daß der Sarg Risse bekommen hatte und die Farbe abblätterte. Nun mußten sie ihn eigenhändig renovieren, um sich vor der Obrigkeit nicht zu blamieren. Letztendlich wurden sie dieser Reparatur überdrüssig. Daraufhin hinterließen sie dem Verstorbenen das notwendige Werkzeug und hielten ihn streng an, seine Bleibe zu hüten. Dann machten sie sich davon, wobei sie über Fußball und über das Restaurant „Eherne Säule", das zu „Säule des Herrn Stahl" umbenannt worden war, plauderten, sowie über die kommenden Militärmanöver. Ihr munteres Lied „Die Adler fliegen raus, hej, die Adler!" hallte noch lange nach.

Der Mann verstand den Befehl der Herren Generäle, konnte aber nicht begreifen, wie er dies bewerkstelligen sollte. Trotz aller Anstrengung konnte er kein Glied bewegen, also schlief er, begleitet von schmerzhaften Vorwürfen, ein. Am Morgen fühlte er wieder das Fleisch an seinen Knochen. Er bewegte sein Bein, dann hob er seinen Kopf und erzeugte einen klangvollen Ton, indem er mit seinem Kopf gegen den Sargdeckel schlug. So vergewisserte er sich, daß er fast unversehrt am Leben war, stellte jedoch traurig fest, daß er nicht imstande war, den Wunsch der Herren Generäle zu erfüllen – zu eng war der Sarg, zu unbequem für handwerkliche Tätigkeit. Ein Tag verging und eine Nacht und gegen morgen sah der Mann, daß der Sarg geräumiger war, und er begriff, daß er eben selbst kleiner geworden war. Vor lauter Freude sprang er auf, die Bretter bogen sich wie Parkett unter ihm durch. Es war ein wenig zu dunkel, aber jetzt konnte er seine Pflicht erfüllen, die ihm von den Herren Generälen auferlegt worden war.

Von nun an schlug er gewissenhaft Nägel in die kleineren Risse ein und versuchte auch zu streichen, was aber keine leichte Sache war, denn der Sarg gehörte von außen gestrichen, während er selbst im Inneren saß. Da dem Unglück jedoch keine Abhilfe zu schaffen war (die Herren Generäle ließen sich wie absichtlich – um noch mehr Sorgen zu bereiten – nicht sehen) machte der Mann sich daran, den Sarg von innen auszumalen, wodurch er noch schöner wurde.

Neben diesen Sorgen verfügte er über reichlich Freizeit, in der er entlang seiner Bleibe spazierenging, sich an die Vergangenheit erinnerte oder eine Straßenbahn bastelte. Im Großen und Ganzen lebte er nicht schlecht, am Anfang beschwerte ihn noch der Gedanke, daß seine Bleibe ein Sarg war, aber das überwand er rasch, indem er kreuz und quer über die Bretter schmale Streifen malte, die Gitter darstellen sollten. Um die letzten Zweifel zu zerstreuen, ritzte er mit der Nagelspitze über seinem Kopf eine Aufschrift ein: „DIESER KÄFIG IST DER WUNDERBARSTE ORT DER PFLICHTERFÜLLUNG"

Die Straßenbahn geriet ziemlich schäbig, sie konnte sich nirgendwohin bewegen, diente ihm aber als beachtliche Unterhaltung. Jeden Morgen setzte der Mann sich hinein, löste eine Karte und schlug in seiner Erinnerung die Zeitungen von früher auf. Dann las er sie durch und an der Haltestelle „Oper" sprang er hastig auf und drängte sich zum Ausgang. Manchmal pflegte er eine Haltestelle zu weit zu fahren. Normalerweise wanderte er von der

Oper zu Fuß über den Prospekt der Helden, an der Allee der Generäle vorbei, die Blumenstraße entlang und machte sich neben dem Restaurant „Säule des Herrn Stahl" an die Arbeit. Außerdem verletzte er gern die Verkehrsregeln: Die Autos quietschten mit den Bremsen, Pfiffe des Straßenpolizisten ertönten, aber der Mann schaffte es jedes Mal, seine Straßenbahn zu besteigen und rechtzeitig nach Hause zurückzukehren.

So verstrich die Zeit. Der Mann war schon beinahe glücklich, besonders nachdem er einmal hinausgeschaut hatte. Das hatte er ganz einfach geschafft – er hatte mit einem Nagel ein Loch in die Bretter gebohrt und sein Auge daran gedrückt.

– „Wie dumm und sinnlos ist jene Welt!" – rief er aus.

– „Ich habe ja gesagt, daß alles dort unvermeidlich verfallen und sich mit Spinnenweben überziehen wird. Und die Herren Generäle werden dem Verfall wohl kaum etwas entgegensetzen können."

Nichtsdestotrotz erfüllte der Mann nach wie vor gewissenhaft seine Pflicht, stopfte das Loch sorgfältig zu und schwor sich, nie mehr einen Schritt aus dem Sarg beziehungsweise aus dem Käfig hinauszuwagen. Danach wurde die Decke mit neuen Aufschriften geschmückt: „DER KÄFIG IST DER EINZIGE HORT DES MENSCHLICHEN GLÜCKS", „MEIN KÄFIG IST DIE FORTSCHRITTLICHSTE GESELLSCHAFTLICHE FORMATION" und viele andere, so daß es bald keinen Platz mehr gab.

Noch schimpfte er insgeheim über die Generäle, die ihn vergessen hatten, und wetterte stillschweigend gegen die Kommission, die sich irgendwo müßig herumtrieb, statt ihn anständig zu bestatten. Nichtsdestoweniger erfüllte er gewissenhaft seine Pflicht, unbeschadet dessen, daß keiner erschien, seine Sorgfalt gebührend zu würdigen. So also lebte dieser Mensch.

Einmal tauchten die Generäle unerwartet im Zimmer auf. Der völlig vermoderte Sarg fiel von einem frischen Luftzug lautlos auseinander. An seiner Stelle stand ein Männchen mit einem Hammer in den Händen und schaute verloren drein. Er starrte auf die Herren Generäle und versuchte mühevoll zu begreifen, ob es dieselben waren, die ihn dazu verpflichtet hatten, den Sarg zu reparieren, oder schon andere.

– „Ist das denn derselbe Verstorbene, den wir so lange ohne Kommission nicht begraben konnten?" – fragte der erste General, indem er sein linkes Auge zusammenkniff.

– „Jawohl", – antwortete der andere – „und ich sehe, daß er uns einen erstklassigen Sarg kaputtgemacht hat. Ehrenwort, unser Ministerium ist nicht imstande, sie alle finanziell zu versorgen."

Der erste General putzte seine Brillengläser und sagte:

– „Ich glaube nicht, daß er überhaupt gestorben ist ... Meines Erachtens ist er ein S...Simulant!"

– „Er ist ja so klein, er hat sich wahrscheinlich absichtlich verkleinert!!!" – rief der andere empört aus.

– „Die Kommission wird das schnell klären!"

Und der Mensch wurde zur Kommission geschickt, die sich als eine gewöhnliche medizinische Kommission herausstellte, im Gegensatz zu derjenigen, ohne deren Genehmigung er nicht begraben werden konnte. Gleich überkam den Mann die Trauer, wehmütig wurden auch die Generäle, sobald sie erfuhren, daß er dienst- und pflichtuntauglich war.

Jedoch schaffte es der Mann, die Kommission zu überzeugen, daß er doch imstande sei, eine Tätigkeit zu verrichten, und zwar, den Sarg bis zur Ankunft der Kommission zu pflegen, wonach er offensichtlich begraben würde. Diese Pflicht wurde ihm von den Herren Generälen auferlegt und auch die medizinische Kommission bescheinigte ihm, daß er zu nichts außer der Reparatur seines Sarges tauglich war. Kurz darauf baute man ihm eine neue, etwas kleinere als die bisherige Bleibe, die aber einen entschiedenen Vorteil hatte – der Deckel des Sarges ließ sich leicht abnehmen, damit der Mann ihn auch von außen bemalen konnte.

So nahm er seinen alten Lebenswandel wieder auf, indem er auf seine Bestattung wartete. Die Kommission kam nicht, und auch er machte sich keine Gedanken darüber, wie man ihn, den Lebenden, noch begraben würde, sollte die Kommission endlich eintreffen. Die Herren Generäle behelligten ihn nicht mehr – offensichtlich hatten sie alle Hoffnungen aufgegeben, ihn irgendwo noch einzusetzen. Auch ohne ihn hatten sie alle Hände voll zu tun.

Keiner interessierte sich für den Mann, er erfüllte gewissenhaft seine Pflicht, also kann man sagen, daß er nun glücklich und fröhlich lebte.

Entstanden in den frühen 70er Jahren, erstmals veröffentlicht im Jahre 2002.

ACHT JUDEN AUF DER SUCHE NACH IHREM GROSSVATER

An einem kalten Herbsttag fiel mir die ziemlich ungewöhnliche Rolle eines Übersetzers für eine kleine Touristengruppe zu, die noch ungewöhnlicher war als diese meine neu übernommene Funktion. Acht Bürger aus Israel, Frankreich und den Vereinigten Staaten fuhren an diesem Tag in drei speziell zu diesem Zweck angemieteten Autos aus Kiew los in Richtung Czernowitz. Ich sollte mich während der dreitägigen Reise gewissenhaft um sie kümmern und dabei eine gute Bekannte vertreten, die für ein privates Reisebüro arbeitete und plötzlich erkrankt war. Diese Reise aber wurde viel interessanter, als ich zu hoffen gewagt hatte.

Eine jüdische Familie

Alle acht meiner „Intouristen", die auf gut Glück in dieses gottverlassene Land gekommen waren, um sich auf dessen Hotels, Restaurants, Autostraßen und die traditionell „freundliche" Bedienung einzulassen, waren, wie sich herausstellte, weder Masochisten noch Verfechter einer Exotik, die vor einem Übermaß an Zivilisation in Gebiete fliehen läßt, wo von diesem Übermaß keine Spur, dafür aber ein Übermaß von anderen Dingen anzutreffen ist. In einem gewissem Sinn kehrten meine „Intouristen" in ihre Heimat zurück, in das Land, das ihre Vorfahren vor mehr als einem halben Jahrhundert verlassen hatten, um mit viel Glück einer ganzen Reihe von „Befreiungen" zu entgehen, ein Glück, das die große Mehrheit von uns nicht gehabt hatte. Sie alle waren Mitglieder einer einzigen Familie, fünf Enkel des Czernowitzer Unternehmers Schmuel Glasberg und drei von deren Ehegatten, die, über die ganze Welt verstreut, mehr verband als nur die Familienbande – der Mythos von einem Land, das für ihre Väter sowohl das Land der Verheißung als auch das der Apokalypse war. Die familiären Bande hätten sie überall zusammenbringen können, im heimatlichen Paris, Detroit oder Jerusalem, oder in anderen Heimatstädten, wie z. B. in Budapest, woher die Frau des einen Glasberg-Enkels aus Israel stammte, und wo man sich gerade erst getroffen hatte, bevor die Reise weiter nach Kiew ging. Aber noch weiter in den Osten, nach Schitomyr, Berditschew oder Czernowitz, konnte sie nur jener historische Mythos führen, an dem ich, ohne es zu wollen, teilhaben durfte.

In den 1920er und 1930er Jahren leitet Schmuel Glasberg eine kleine, aber erfolgreiche Firma, die von seinen Vorfahren im 19. Jahrhundert gegründet worden war, zu Zeiten des Kaisers Franz Joseph, der in der Familienmythologie höchste Autorität genoß. Wie bekannt war Franz Joseph weder ein besonderer Freund der Juden, noch der Ukrainer (was immer wieder von polnischen Historikern behauptet wird), er war Kaiser von Österreich-Ungarn und dachte deshalb primär an sein Reich, das im wahrsten Sinn des Wortes sein Privateigentum war. Um es modern auszudrücken, er war ein Pragmatiker: In Galizien unterstützte er die Ruthenen gegen die Polen, in der Bukowina gegen die Rumänen, aber er wußte dabei Maß zu halten und respektierte die traditionelle Ständeordnung, das heißt die Ruthenen sollten auch weiterhin arbeitsame Bauern bleiben, die Polen und Rumänen hingegen vom Gesetz geschützte Gutsbesitzer. Von allen diesen Untertanen waren die Juden die verläßlichsten: Sie tasteten nicht, wie die Ruthenen, die Grundlagen der sozialen Hierarchie an, sie trachteten nicht, wie die Polen und Rumänen, das Imperium durch nationalistischen Separatismus und Irredentismus zu Fall zu bringen. Die Juden hatten ihre standesgemäße religiöse und kulturelle Autonomie, sie betrieben ihre Geschäfte, zahlten Steuern, bereicherten die Staatskasse und assimilierten sich gern, um die Kader der kaiserlichen Bürokratie aufzufüllen. In Wien, wo das jüdische Großbürgertum für die eigentliche österreichische Bourgeoisie eine ernste Konkurrenz darstellte, entwickelte sich aus einer immanenten Judenphobie allmählich ein ideologisch zugespitzter Antisemitismus, währenddessen in der Provinz, wo die österreichische Bourgeoisie ohnehin in der Minderzahl war, die galizischen und Bukowinaer Juden diese soziale Nische mit väterlicher Unterstützung durch die Wiener Behörden erfolgreich ausfüllten.

In der Familienmythologie der Glasbergs kam die österreichische Ära einem Goldenen Zeitalter gleich, und die damalige Bukowina erschien als eine Oase der Ruhe inmitten von Pogromen im benachbarten Rußland und eines immer aggressiveren Antisemitismus in Westeuropa, wofür die Dreyfuß-Affäre in Frankreich bezeichnend war. Nach dem Ersten Weltkrieg zerfällt Österreich-Ungarn, die Bukowina wird rumänisch und die ersten Wolken trüben bereits den Himmel über den Glasbergs in Czernowitz. In den 1930er Jahren werden diese Wolken immer dichter: Die Nazis übernehmen die Macht in Deutschland, ihre Sympathisanten verstärken die Aktivitäten in Rumänien, ein Kreuzzug gegen die weltweite „Juden-Kommune" scheint immer unabwendbarer. In weiser Voraussicht schickt Schmuel Glasberg eine seiner drei Töchter zum Studium nach Frankreich, verheiratet die andere nach Amerika und emigriert schließlich mit seiner Frau und der dritten Tochter nach Palästina, in das damalige englische Protektorat. Die Intuition hatte ihn nicht getrogen, das Leben in der Provinz aber, wo rein menschliche Beziehungen immer schon wichtig waren und wo sich auch unter den hochgestellten rumänischen Beamten und Militärs Freunde befanden, schwächte die Scharfsichtigkeit des Herrn Glasberg beträchtlich. 1938 kehrt er nach Rumänien zurück, um auch seine letzten geschäftlichen Aktivitäten dort zu beenden, und wird auf dem Weg nach Czernowitz, als er in Bukarest eine Synagoge besucht, Opfer eines Blutbads, das die örtlichen Faschisten aus der „Eisernen Garde" angerichtet haben. So zerfällt die Dynastie Glasberg und reißt der letzte, oder zumindest der wichtigste Faden, der sie mit der Bukowina verbindet.

Eine Czernowitzer Odyssee

Von den fünf Enkeln des Schmuel Glasberg konnte sich nur einer, der Amerikaner Jeremy, an Czernowitz erinnern oder er glaubte es zumindest. Zum letzten Mal war er vor 58 Jahren hier gewesen, als siebenjähriger Junge, und es versteht sich von selbst, daß die Luft damals reiner, das Wasser feuchter, die Stadt ruhiger und sauberer, die Gehsteige nicht so desolat und die Straßen nicht so finster waren (wenngleich die letzten Gegenüberstellungen nicht so sehr vom Czernowitz der Vorkriegszeit, wie von der blitzblanken kleinen Universitätsstadt in Michigan, wo Herr Jeremy als Professor wirkt, motiviert sind). Es war nicht schwer, die Straße, wo die Glasbergs gewohnt hatten, unter ihrem alten Namen zu finden, es war aber viel schwieriger, das Haus nach seiner Beschreibung zu finden, denn die Numerierung hatte sich geändert. Ich bin bis heute nicht sicher, ob wir wirklich dieses Gebäude gefunden haben. „Du hättest uns überhaupt in jede beliebige Stadt außerhalb Kiews bringen können und behaupten, das sei Czernowitz" – scherzte der Franzose Marc, Professor für Indologie, ein großer Kenner von Bengalen, der sich über die rein symbolische Bedeutung unserer Suche, bei der der Prozeß wichtiger als das Resultat ist, im klaren war.

Das geräumige, zweigeschoßige Gebäude, das wir schließlich als das Haus der Glasbergs betrachteten, trug über dem Eingang ein schwer zu entzifferndes Anagramm aus zwei verschlungenen Buchstaben, S und G. „Ich war damals noch zu klein, um so hoch hinauf zu blicken" – sagte Jeremy zu seiner Rechtfertigung; er konnte sich an kein Anagramm erinnern, erkannte dafür aber den Kachelofen in einer der Kommunalwohnungen, die wir besuchten und dabei die Bewohner aufschreckten. Er erinnerte sich auch an eine unweit davon gelegene, noch tätige Synagoge und zeigte uns sogar den Platz, an dem er mit dem Großvater während des Gottesdienstes gesessen war. Hier gab es gewichtigere Beweise einer Glasberg'schen Präsenz: Der Name des Großvaters hatte sich auf der großen Tafel inmitten anderer Stifter der Synagoge erhalten.

Die Nachforschungen der Glasbergs auf dem jüdischen Friedhof, der ebenso verwahrlost wie der angrenzende orthodoxe war, blieben erfolglos. Dafür wiesen zahlreiche Grabdenkmäler die bescheidene Signatur eines entfernten Verwandten auf, eines ehemaligen Architekturstudenten und später arrivierten Künstlers, der seinen Lebensunterhalt auf diese für so viele Künstler typische Art und Weise verdiente. Dessen größter Konkurrent auf dem Feld der Bildhauerei war ein gewisser Karl Moskal – so gut ich konnte, versuchte ich die Kuriosität dieses ruthenischen Namens zu erklären, in dem sich der Einfluß zweier Imperien mit verblüffender Genauigkeit und wahrhaftig symbolischer Lapidarität niedergeschlagen hatte.

In einem gewissen Sinn ist das heutige Czernowitz sowohl „Karl" wie auch „Moskal" – mit seinen beachtenswerten Gassen und Gebäuden aus der Zeit Franz Josephs (wertvoll ist davon nur der Theaterplatz und wohl auch die Universität) und zugleich mit dem überall gegenwärtigen Schmutz, der Verkommenheit, der

Schlamperei, einem nicht zu tilgenden Mal der Sowjetzeit, die bis heute fatal auf der ganzen Ukraine lastet. Welchen Eindruck kann denn ein Land machen, wo es sogar im besten Hotel (120 Dollar für eine Nacht) kein warmes Wasser gibt und wo die Temperatur in den auch im Spätherbst nicht geheizten Zimmern nur zehn Grad beträgt? Welchen Eindruck kann ein Land machen, wo sich im Hotelrestaurant ein primitives Frühstück, bestehend aus zwei Eiern und einer Brühe, die sich „Kaffee" nennt, auf sechs Hrywny beläuft, und für getoastetes Brot, das man extra bestellt, wieder eine Hrywna pro Stück verrechnet wird? Welchen Eindruck kann ein Land machen, wo eine halsabschneiderische Hotelverwaltung, die 120 Dollar pro Tag kassiert, sich nicht schämt darauf hinzuweisen, daß Banknoten mit angebrachten Vermerken weniger wert seien – wenn man sie überhaupt akzeptiert, und wo eine solche Verwaltung einmal mehr keine Skrupel hat, phantastische Summen für das Obst auf dem Zimmer in Rechnung zu stellen, das man weder bestellt noch konsumiert hat?

Ich lehrte meine Ausländer, wie man auf Ukrainisch „heißes Wasser" sagt, damit die Zimmerfrauen ihnen in Kochtöpfen Wasser heiß machen konnten, und ich erklärte hanebüchen, daß bei uns jetzt eine Krise sei und es in der ganzen Stadt kein heißes Wasser gäbe. „Aber von den Einwohnern der Stadt fordern eure Behörden wohl keine 120 Dollar pro Tag" – entgegneten mir die Fremden. – „Und noch dazu in neuen Banknoten" – fügte jemand zur allgemeinen Belustigung hinzu. – „Wenn es hier auch noch warmes Wasser gäbe", – versuchte ich zu parieren, – „dann würde dieses Hotel nicht fünf, sondern fünfundzwanzig Sterne führen, und Sie müßten tausend Dollar pro Tag berappen".

Zum Glück hatten meine jüdischen Gäste ein Gefühl für Humor: Den Namen des Hotels, „Cheremosh", lasen sie auf französische Weise: „chère et moche", „teuer und schlecht", um sich darüber göttlich zu amüsieren. Überhaupt heiterten sie mich häufiger auf als ich sie. Nach all dem zu schließen, hatten sie überhaupt nichts Besseres in diesem Land erwartet, offensichtlich war der Ruf unserer Serviceleistungen schon um die ganze Welt gegangen. „Sie werden schon sehen", – beruhigte mich der Franzose Jean, ein Geschäftsmann, – „in zehn Jahren wird sich alles ändern. Diese staatlichen Monster" – er deutete auf das riesige, halbleere

Hotel, ein Symbol der Unbequemlichkeit, auf das menschenleere Restaurant, ein Symbol der Sowjetzeit. – „Sie sind zum Bankrott verurteilt." – „Aber bei uns gibt es keinen Bankrott!" – rief ich – „Die Produktion sinkt, die Wirtschaft liegt danieder, aber niemand macht Bankrott, niemand wird entlassen. Arbeitslosigkeit gleich Null." – „Das wird sich ändern", – gab Jean zurück, „erinnern Sie sich an jenes wundervolle, kleine, private Hotel in Kiew, oder an die privaten Restaurants, wo wir gegessen haben und wo die Bedienung schon weiß, daß sie für den Gast da ist und nicht umgekehrt."

Gegen so viel französischen Optimismus, nicht angekränkelt von einem jahrelangen Leben in unserem Land und nicht vergiftet von den Informationen über das Denken und Handeln unserer oligarchischen Führungsschicht, war ich machtlos.

Business

Unter all den Nachkommen des Schmuel Glasberg war Jean der einzige Geschäftsmann. Vor seiner Ankunft in Kiew war er in Kasachstan gewesen, wo er Geschäfte mit Lieferungen bestimmter Waren für das Kosmodrom in Baikonur gemacht hatte. Dabei hatte er gute Gewinne erzielt, und Kasachstan gefiel ihm. Er war voll des Lobs über Almaty, die dortige Regierung und sagte diesem Land die Rolle eines weiteren asiatischen Tigers voraus.

Kurz davor war Jean im Irak ebenso erfolgreich gewesen, wo er einige Dutzend elektrische Mühlen aus der ehemaligen DDR verkauft hatte, an denen es im neuen Deutschland keinen Bedarf mehr gab. Die Dollars aus dem Erdölgeschäft mit Saddam Hussein und Nursultan Nasarbajew hatten ihn offenbar auf die Idee gebracht, seinen Verwandten die exotische Reise in das Land ihrer Vorfahren zu finanzieren. So gelangte ein Teil der Petrodollars auch in die Ukraine.

Jean ist Franzose, offiziell jedoch Bürger des Staates Guadalupe, wo er aber nach eigenen Worten nur einmal gewesen war, um die Staatsbürgerschaft entgegenzunehmen. In Guadalupe sind die Steuern beträchtlich niedriger als in Frankreich; aus diesem Grund sind alle seine Firmen in Gibraltar registriert. Als echter Geschäftsmann und wahrer Enkel seines Großvaters spricht Jean eine ganze Reihe von Sprachen, oder kennt zumindest ein paar

Dutzend Worte in jeder dieser Sprachen, Russisch eingeschlossen. Während meiner Abwesenheit war er für seine Angehörigen von unschätzbarem Wert, denn er allein konnte die kyrillischen Lettern entziffern.

Seine Ehefrau war eine waschechte Thailänderin – und doch wiederum so waschecht nicht, denn sie war, wie er uns erklärte, auch Jüdin, aber aus Thailand. Ich hatte noch nie eine echte Thailänderin und noch weniger eine thailändische Jüdin gesehen und betrachtete sie also mit dem prüfenden Blick des Provinzlers, der zumindest den einen oder anderen semitischen Zug in einem rein asiatischen Gesicht erkennen will. Sie blickte schweigsam und sogar abweisend, und wie die meisten kurzsichtigen Menschen starrte sie romantisch in irgendwelche Weiten. Als einzige in der Gruppe konnte sie nicht Englisch und wahrscheinlich war das der Hauptgrund, daß sie allen unseren Gesprächen fern blieb.

Jean sprach für sie und für sich und manchmal auch für alle anderen. „Stell dir vor", – sagte er, – „wir haben uns an der Sorbonne kennengelernt, und als ich erfuhr, daß ihr Großvater ebenso wie meiner mit Holz handelte, habe ich verstanden, daß wir heiraten müssen."

„Aber das war doch ein ganz anderes Holz", – bemerkte ich und nahm einen Schluck ukrainischen Cognac der Marke „Tysa".

„Tja", meinte Jean und nippte an demselben Getränk, – „dieses Holz wurde an ein- und denselben Börsen gehandelt und an ein- und dieselben Kunden verkauft, in Amsterdam, London, Hannover ... Und weißt du, was sie mir zur Antwort gab? Sie sagte, sie sei einverstanden, aber nur unter der Bedingung, daß ich niemals mit Holz handeln werde! Deshalb handle ich heute mit allem Möglichen, nur nicht mit Holz! ... Ha, ha, ha!"

„Die Ukrainer sind miserable Geschäftsleute", – sagte ich. – „Eine bäuerliche Zivilisation. Eine Bauernnation. Die Juden haben üblicherweise diese Lücke geschlossen. Und jetzt weiß der Teufel, wer diese Lücke schließen soll. Deshalb haben wir das Nachsehen – denn uns fehlen die Juden. Wir hatten eigentlich auch nie welche, denn wer möchte schon zu einer Bauernnation gehören?..."

Der Cognac hatte unsere Mägen auf eine angenehme Weise erwärmt, und die ganze Geschichte der ukrainisch-jüdischen Beziehungen erschien mir in einem nahezu idealen Licht.

„Mein Großvater machte faire Geschäfte", – sagte Jean fast beleidigt. – „Er zahlte den ukrainischen Bauern, die für ihn arbeiteten, den besten Preis. Er kannte die Marktlage. Er brachte aus Europa Geld, Waren, Technologie ..."

„Die Kultur der Arbeit", – warf ich ein.

„Die Kultur der Arbeit", – Jean war einverstanden. – „Und die Kultur des Handels. Er hat nie jemanden übers Ohr gehauen, angeschwärzt. Alle wollten mit ihm zu tun haben, denn er war ehrlich."

„In der Tat", – fügte ich hinzu. – „Und jetzt sind alle Glasbergs entweder in Amerika oder in Israel. Sie machen aus der Wüste Oasen. Nur wir machen es umgekehrt, aus der Oase eine Wüste."

„Nein, ich meine es ernst", – beharrte Jean, der sich mehr und mehr beleidigt fühlte. – „Mein Großvater hatte ziemlich bescheiden gelebt, er hatte große Summen gespendet – für das Asyl, für Schulen, ja sogar dafür, daß die Straßen gepflastert wurden!.."

„Jetzt sind diese Straßen schmutzig und kaputt! Die Gebäude heruntergekommen! Dabei könnte dieses Czernowitz eine Perle sein! Ein Mekka für die Touristen, so wie Budapest, Prag und Krakau!"

„Krakau haben vor allem die Polen gebaut", – sagte Jean, – „und Budapest die Ungarn".

„Sicher", – warf ich ein. – „Aber sie hatten ihre Juden. Und von denen haben sie viel gelernt."

„Verstehst du", – sagte Jean schon weniger beleidigt, auch wenn er mich immer noch der Unaufrichtigkeit oder der Ironie verdächtigte, – „die Juden mußten dynamischer sein, um zu überleben. Wer sich nicht anpaßte, der ging unter. Sie mußten dasselbe machen wie die Nichtjuden, aber sie mußten es viel besser machen."

„Das ist eine positive natürliche Auslese", – ich war einverstanden. – „Bei euch haben die Besseren überlebt, bei uns die Schlechteren."

„Ich meine es ernst", – sagte Jean.

„Ich auch."

Aber so richtig glaubte er mir doch nicht.

Der ukrainische Antisemitismus

Von meinen wenigen Kontakten mit Juden im Ausland und noch mehr aus den Publikationen von dort wußte ich, daß die Ukrainer in deren Augen immer als die Antisemiten schlechthin dastehen. Das war eigentlich das Einzige, was sie von der Ukraine wußten: das Land Chmelnyzkys und der Hajdamaken, das Land Petljuras und Banderas, das Land, wo seit 300 Jahren Pogrome an der Tagesordnung sind und ein quasi biologischer Haß des Ungebildeten und Erfolglosen auf alles, was begabter und tüchtiger ist, herrscht.

So gut ich konnte versuchte ich zu erklären, daß weder die Ukrainer noch die Juden Subjekt, sondern nur Objekt der Geschichte waren; sie waren Gefangene in einer einzigen Zelle, in der man ständig die einen gegen die anderen aufstachelte, und außerdem hatten sie den größeren Teil ihrer Geschichte friedlich miteinander gelebt, und diese Jahre einer friedlichen Koexistenz verdienen nicht weniger Beachtung als die Jahre der für die Juden in der Tat turbulenten und katastrophalen Exzesse. Vergeblich versuchte ich zu erklären, daß Bandera keine Pogrome angezettelt hat und noch weniger Petljura, den man eher als judophil denn als Antisemiten bezeichnen könnte. Ich erklärte, daß die Wertschätzung der Ukrainer für Chmelnyzky nicht auf Pogromen beruht, so wie die Amerikaner George Washington nicht deshalb verehren, weil er gewisse Sympathien für die Sklaverei hegte. Ich wollte klarmachen, daß es zwischen den Pogromen im Russischen Imperium Ende des 19. und Anfang des 20. Jahrhunderts und zwischen dem ukrainischen Nationalismus überhaupt keine Beziehungen gibt.

Sie hörten mir aufmerksam zu, blieben aber in der Regel bei ihrer Meinung. Es ist bequemer, in einer Welt von Mythen für die Massen zu leben, und in dieser Hinsicht unterscheiden sich die Juden kaum von den Ukrainern. Ein alter Herr in Kalifornien, der als Kind den Aufstand im Warschauer Ghetto überlebt hatte, erzählte, daß er mit eigenen Augen gesehen hätte, wie ukrainische Soldaten aus der SS-Division „Galizien" Juden erschossen hätten.

Ich wußte, daß diese Division erst ein Jahr später aufgestellt worden war, für ihren ersten, und wie sich herausstellte, auch letzten Einsatz in der Schlacht bei Brody; ich wußte, daß das eine Fronteinheit war, die an keinerlei Strafexpeditionen beteiligt war; ich wußte, daß es im Warschauer Ghetto überhaupt keine ukrainischen Truppenteile gegeben hatte – und hätte zum Beweis Dutzende von wissenschaftlichen Arbeiten zu diesem Thema nennen können. Mein Gesprächspartner war aber an keinerlei Beweisen interessiert, er wiederholte nur hartnäckig: „Ich habe es mit eigenen Augen gesehen."

Mythen, die von Augenzeugen stammen, halten sich am hartnäckigsten.

Mit einer gewissen Verwunderung stellte ich fest, daß meine Gäste keinerlei fixe Vorstellungen in bezug auf einen „genetischen" ukrainischen Antisemitismus hatten. Die beiden Israelis, Frau Chamutel, Professorin für moderne israelische Literatur, und Schmuel, Inhaber eines kleinen Reklameverlags, hatten wohl etwas von Demjanjuk, den man während des Prozesses als einen „Iwan den Schrecklichen" präsentierte, gehört, hielten ihn aber für einen Russen oder eigentlich für einen „Sowjetmenschen". Nur Jeremy, der Leiter eines für unsere Begriffe Schein-Departments für 60- bis 70-jährige Studenten an seiner Universität, hatte das ganze Inventar typisch amerikanischer Stereotypen parat. Argwöhnisch beäugte er das Denkmal für Paul Celan im Zentrum der Stadt, die Scholem-Alejchem-Straße, die große Landkarte des Staates Israel in der jüdischen Schule und schließlich die Aktivitäten der jüdischen Gesellschaft, die im ehemaligen Jüdischen Haus Unterschlupf gefunden hatte. Auf seinem Gesicht war eine leichte Gereiztheit zu bemerken: Versucht nicht, mich mit eurer Propaganda zu bluffen, schien er sagen zu wollen.

„Ich habe gelesen", – fing er an, – „daß eure Regierung absichtlich die Juden und andere Minderheiten an der Nase herumführt, um sie gegen die Russen aufzuhetzen".

„Ich bin nicht imstande, die Gedanken meiner Regierung zu lesen, Herr Jeremy", – sagte ich. – „Wenngleich ich fürchte, daß Sie deren üble Absichten überschätzen."

„Sie müßten sich vor den Juden entschuldigen", – sagte er erzürnt. – „Und alles Eigentum zurückgeben."

„Ich schulde Ihnen keine Spur von Eigentum, Herr Jeremy. Aber ich kann mich entschuldigen, wenn Sie darauf bestehen."

„Ihre Regierung müßte sich entschuldigen", – sagte er mit Nachdruck.

„Unsere Regierung existiert erst seit fünf Jahren und hat, wie ich hoffe, den Juden bislang nichts Schlechtes angetan."

„Sie müßte sich für ihre Vorgänger entschuldigen."

„Sie hatte keine Vorgänger. Vor dieser hatten wir fremde Regierungen. Ich habe nichts dagegen, daß sie sich entschuldigen – vor Ihnen, wie auch vor uns. Und auch nichts dagegen, daß sie so manches Eigentum zurückerstatten. Mein Großvater hatte zum Beispiel zwei Pferde, die von den Bolschewiki requiriert wurden. Und neun Kinder. Acht von ihnen haben die Bolschewiki verhungern lassen. Und noch einige Millionen Menschen dazu. Davon haben Sie vielleicht gehört? Von diesem kleinen ukrainischen Holocaust?"

„Hör zu, Jerry", – mischte sich Jean ein. – „Die Ukrainer haben eine wunderbare Redensart: ‚Die eigene Scheiße stinkt nicht'".

Dankbar blickt ich zu Jean. Er ist in der Tat ein guter Geschäftsmann.

Berditschew

Man sagt, daß im alten Berditschew 70 000 Juden wohnten, das war mehr als die Hälfte der Einwohner. Heute ist die Stadt ein typisch sowjetisches Rayons-Zentrum mit einem blödsinnigen Lenin auf dem Hauptplatz und einem noch blödsinnigeren, klotzigen Rayonsparteikommitee, das jetzt Staatsadministration heißt. Von den Juden sind noch ein paar Tausend geblieben, wobei bei weitem nicht jeder Bewohner von Berditschew weiß, daß es sie gibt. Für die meisten Einwohner sind die Juden eine alte Geschichte, die sich vor dem Krieg, ja sogar noch vor der Revolution abgespielt hat. Eine Welt, die untergeht, wie sie Scholom-Alejchem nostalgisch festgehalten hat.

Kaum jeder vierte von den Menschen, die uns begegneten, wußte, daß es in Berditschew eine Synagoge gibt und konnte uns den Weg dorthin zeigen. Sie befand sich auch in der Tat in einem verlassenen Winkel, war alt, nicht sehr groß und ständig eingerüstet. Der Gottesdienst war schon zu Ende, aber noch standen einige Juden auf dem Hof: alte Männer in Schirmmützen, die aussahen wie Kolchosarbeiter, und Frauen mit ähnlich groben Gesichtszügen, von unbestimmter Form und Alter – das unauslöschliche Mal der Sowjetzeit hatte das einfache jüdische Volk offenbar ebenso geprägt wie irgend ein anderes auf dem Gebiet der unüberschaubaren UdSSR.

„Meine Gäste möchten, wenn möglich, die Synagoge und den Friedhof sehen" – sagte ich, nachdem ich gegrüßt hatte, – „sie sind alle Juden".

„Aus Amerika?" – fragte eine Frau.

„Zwei sind aus Amerika, drei aus Israel, drei aus Frankreich."

Die Frau gab ein zustimmendes Geräusch von sich und glotzte wie die meisten anderen die Thailänderin an, war offensichtlich bemüht herauszubekommen, wo es denn heute so seltsame Juden gäbe, in Amerika, Frankreich oder, Gott bewahre, gar in Israel. Nach einem Moment der Befangenheit stürzten sich die Juden mit lautem Geschnatter auf meine Gäste, fragten oder erklärten etwas auf Russisch oder Jiddisch, von dem meine Gäste weder das eine noch das andere verstanden. Die konnten aber Deutsch (wie auch Französisch, Englisch und Jiwrit), so daß ein gewisser Kontakt doch zustandekam.

Schon hielt die Frau, die mich nach Amerika gefragt hatte, Jeremy am Ärmel fest und zeigte ihm ein Foto ihres Sohnes mit Familie. „Sie sind in Amerika", sagte sie, „in Brooklyn". Jeremy runzelte die Stirn bis hinauf zur Glatze, kniff die Augen hinter den Brillengläsern zusammen und murmelte etwas Unverständliches vor sich hin. „In Brooklyn" – sie zog aus der abgewetzten Tasche einen Brief und deutete mit dem Finger auf den Absender. – „Sie laden mich ein dorthin." Fragend blickte sie Jeremy in die Augen, der aber blinzelte weiterhin verloren vor sich hin und brummte nur: „Brooklyn ... good, good ..."

„Her children in the U.S. want her to join them" – erklärte ich.

„Good, good", wiederholte Jerry.

„Er sagt, daß das eine schöne Stadt ist", – übersetzte ich mit etwas Verzögerung.

„Ich glaube auch, daß ich fahren sollte", – sagte die Frau. – „alle Jungen sind weg, die einen nach Kiew, die anderen nach Amerika, die dritten nach Deutschland ... Dort soll es ganze Straßen voll von unseren Leuten geben, und eigene Läden, und vieles mehr ..." Sie steckte den Brief und das Foto wieder ein, schwieg einen Augenblick und fuhr dann sinnierend fort: „Vielleicht fahre ich auch ..."

„She wonders whether it's possible to live at your place", sagte ich.

Jerry schreckte zusammen und, um den Scherz nicht zu weit zu treiben, verbesserte ich mich unverzüglich: „Sorry, I mean, in your country."

Jerry lächelte erleichtert und nickte freudig: „Yes, yes, of course!"

Ich aber hörte auf zu übersetzen. „West bleibt West, und Ost bleibt Ost", hatte Kipling gesagt und damit wohl recht gehabt.

Jetzt brachte man aus der Synagoge zwei Rabbiner, herausgeputzte Amerikaner, die eher wie Universitätsprofessoren als wie Geistliche aussahen, und wir traten ein. „Bis in die 1960er Jahre gab es hier noch eine Synagoge", – erklärte der ältere. – „Aber man hat sie geschlossen. Dort hatten sich die Intellektuellen getroffen."

„Und jetzt?"

„Jetzt gibt es eine Synagoge, aber keine Intellektuellen. Alle verlassen das Land. Wir bemühen uns zu helfen, so gut wir können."

Ich zog die Kapuze meiner Jacke heraus und bedeckte meinen Kopf. In dem kleinen Gebetsraum erhob sich hinter einem Samtvorhang ein geschnitzer Aron-Kodesch. Das orientalische Ornament zu beiden Seiten ging in rätselhafte jüdische Schriftzeichen über, oder auch umgkehrt. Die Frauen stiegen über ächzende Stufen auf ihre Galerie. Ein Geruch von Verfall und Verwesung stand in der Luft, wie auf einem Geisterschiff, das im Begriff ist unter die Erde zu versinken.

„Warum emigrieren denn alle?" – fragte mich Jean. – „Gibt es denn hier einen Schirinowski?"

„Hier gibt es andere Übel", – erklärte ich. – „Wenn man aber nach Amerika will, muß man sich als Flüchtling deklarieren. Es gibt genug, die das machen. Ich habe ganz phantastische Geschichten von diversen Verfolgungen gehört."

„Ich auch", – sagte Jean.

„Dafür habe ich Verständnis. Amerika ist nicht Israel."

„Aber in ein paar Jahren wird sich alles ändern", – sagte Jean. – „Glaubst du, daß sie zurückkommen werden?"

„Und du?"

„Wenn es bei euch die niedrigsten Steuern auf der ganzen Welt gibt", - Jean lachte.

Wir gingen aus der Synagoge.

„Wir führen Sie jetzt auf den chassidischen Friedhof", – sagte der ältere von den Rabbinern. – „Das ist unser Sorgenkind. Unter den Sowjets ist er von selbst verfallen, aber jetzt macht man ihn kaputt. Die Neuen Russen bauen hier Garagen, und der Stadtrat tut nichts dagegen. Wir haben uns bereits an die Behörden gewendet."

„Ich habe immer schon gesagt, der Kapitalismus ist brutaler als der Kommunismus", – stellte Jean fest.

„Wir haben einen afrikanischen Kapitalismus", – entgegnete ich, „und auch der Kommunismus war bei uns nicht von der besten Sorte".

„Alles wird sich ändern", – Jean war überzeugt.

„Kennst du den Witz von den drei Präsidenten, die beim lieben Gott eine Audienz haben?" – fragte ich, als wir zum Friedhof unterwegs waren, wo unter dem Unkraut chassidische Grabsteine wie Papyrusrollen oder versteinerte Perlen versteckt lagen. „Der erste war natürlich Bill Clinton. ‚Wann wird mein Volk endlich für immer glücklich sein?' – fragte er. – ‚In dreißig Jahren', – gab Gott zur Antwort. Da fing Clinton zu weinen an und ging weg. ‚Und wann wird mein Volk glücklich leben?' – fragte Jelzin. – ‚In dreihundert Jahren', – gab der Herrgott zur Antwort. Da weinte auch Jelzin und ging weg. ‚Ja, und mein Volk, wann wird es denn endlich glücklich sein?' – fragte unser Präsident. Da fing der liebe Gott zu weinen an und ging weg."

„Aus dir wäre ein guter Chasside geworden!" – sagte Jean und lachte laut.

„Nächsten Sommer in Jerusalem"

In Kiew verabschiedeten wir uns mit dem traditionellen jüdischen Gruß: „Nächsten Sommer in Jerusalem". Damals dachte ich nicht daran, daß diese rituelle Formel im wahrsten Sinn des Wortes in Erfüllung gehen könnte. Neidisch blickte ich den Enkeln des

Herrn Glasberg nach, als sie in dem kleinen, aber feinen Hotel auf dem Podol verschwanden. Die Reise hatte sie offensichtlich weder ermüdet noch um ihre gute Laune gebracht. Sie hatten ihre Freude gehabt an der Landschaft der Karpaten und dem kleinen Fluß, an dem ihre zukünftigen Mütter seinerzeit unter der Aufsicht des Großvaters Schmuel oder eher einer deutschen Gouvernante ihre Sommerferien verbracht hatten; sie hatten die Mauern der Festung von Kamjanez-Podilsk bestaunt und die Residenz des Metropoliten von Czernowitz, heute Sitz der staatlichen Universität; sie hatten in den gemütlichen, kleinen Restaurants, von denen es in der Ukraine gar nicht so wenig gibt – sicher mehr als in Afrika – gegessen und ausführlich geplaudert. Sie hatten sich an der Exotik gefreut, die man sich um sein Geld leisten kann, und wenn sie etwas weniger Erfreuliches erblickten, bestätigte das einmal mehr die kluge Voraussicht ihres Großvaters, der rechtzeitig dieses von Gott vergessene Land verlassen hatte. Sie kehrten aus ihrer Vergangenheit, einem Jurassic Park, zurück in die Zukunft, während ich und mein ganzes Land in jener Vergangenheit wie in einem Alptraum stecken geblieben waren, unfähig auch nur einen Schritt in Richtung Zukunft zu tun.

Jeder hat seine Probleme, und es ist sinnlos, die seinen jemand anderem aufbürden zu wollen.

Gegen Ende, als mich Jean unerwartet fragte, warum fast alle Juden hier russisch sprechen, erzählte ich ihm noch eine Geschichte – von meinem Freund Serjoscha Grosman, einem intelligenten und hochanständigen jungen Mann, der mit mir immer ukrainisch sprach, diese Sprache aber in der Öffentlichkeit nie benutzte. Als ich fragte, warum, gab er eine sehr einfache aber erschöpfende Antwort: „Weißt du, ich habe genug Probleme mit meinem Judentum."

Ich weiß nicht, ob Jean mich verstanden hat. Er glaubte immer, ich meinte es ironisch.

Als ich einige Monate später zu einer Konferenz nach Jerusalem flog, sah ich im Flugzeug eine große jüdische Familie mit einer Schar von quicklebendigen, rothaarigen Kindern, die nach einem Jahrtausend aus einer Heimat in eine andere zurückkehrten. Sie redeten ukrainisch, ja sogar galizisch – so wie man im Karpatenvorland, in der Gegend von Sambir oder Boryslaw spricht, und sie sahen genau so aus, wie die ukrainischen Bauern, die vor hundert Jahren aus diesem ebenso armen Galizien nach Kanada emigriert waren.

Das erste Mal im Leben hatte ich den Eindruck, das seien unsere Juden – nicht russische und nicht sowjetische, und mit ihnen verlieren wir in der Tat etwas sehr Wichtiges, etwas, dessen Bedeutung wir, wie ich befürchte, bald verspüren, aber nicht erfassen werden. Ich spürte einen Kloß in der Kehle und drehte mich zum Fenster, wo die Küste der Krim verschwand und die Levante begann, der Orient, wo Arabien und Palästina näher rückten, unbekannte Länder zwischen toten und lebenden Meeren, Konglomerate von Raum und Zeit, von Geschichte und Geographie, Übergangszonen zwischen Vergangenheit und Gegenwart, in deren verschiedene Regionen wir streben, auch wenn wir scheinbar in ein- und demselben Flugzeug sitzen.

1996 – 1997

NACHWORT

So sehr das Zustandekommen dieser Anthologie einem Zufall zu verdanken ist – einer Präsentation zeitgenössischer ukrainischer Literatur in Regensburg im Rahmen der „donumenta 2003" –, so sehr versucht die vorliegende Sammlung von Lyrik und Prosa dennoch den Charakter des Zufälligen durch eine gezielte Auswahl von Autoren und Texten zu vermeiden. Dabei wird – das sei von Anfang an vorweggenommen – in keiner Weise Vollständigkeit angestrebt, wohl aber ein repräsentativer Querschnitt durch zwei Jahrzehnte ukrainischer Literatur seit der Unabhängigkeit des Landes 1991. So wie die „donumenta" sich zum Anliegen machte, eines der größten und zugleich wenig bekannten Länder Europas mit Nachdruck ins Zentrum einer überregionalen Öffentlichkeit zu stellen, so will auch diese Anthologie weiße Flecken auf einer europäischen literarischen Landkarte, die mehr als die erweiterte Europäische Union umfaßt, schließen; nicht in dem Sinn, daß hier absolutes Neuland beschritten würde – es gibt beachtenswerte Ansätze einer Vermittlung zeitgenössischer ukrainischer Literatur im deutschen Sprachraum –, sondern um diese Ansätze fortzuführen und zu vertiefen. Aus diesem Grund wurde die seinerzeit bei der „donumenta" präsentierte Auswahl auch um weitere Autoren und Texte ergänzt, nicht nur um dem Publikum von damals im Nachhinein einen „reader" zu liefern, sondern um mit einer durchaus eigenständigen Publikation einen neuen Kreis von Lesern anzusprechen. Für die Eigenständigkeit dieser Sammlung spricht auch, daß so gut wie alle Texte zum ersten Mal in deutscher Übersetzung vorliegen (nur einige wenige sind bereits in Zeitschriften erschienen). In diesem Umfang jedoch, in dem die vertretenen Autoren hier vorgestellt werden, waren sie bisher noch nicht zugänglich. Dahinter steht die Überlegung, eher weniger Dichterinnen und Dichter ausführlicher, als viele mit nur wenigen Textproben zu präsentieren.

Umso schwieriger und auch anfechtbarer ist bei einer derartigen Konzeption die Auswahl, die ja, wie bereits erwähnt, anhand von typischen Beispielen einen repräsentativen Querschnitt durch die zeitgenössische ukrainische Literatur geben will. Das heißt zunächst einmal, daß sowohl Autoren aus der West- wie auch aus der Ostukraine vertreten sein müssen, um der wohl elementarsten Dichotomie dieses Landes, die vielleicht durch eine gemeinsame junge Literatur gemildert wird, gerecht zu werden. Mit Juri Andruchowytsch, Tymofi Hawryliw, Halyna Petrosanjak und Taras Prochasko sind führende Vertreter der westukrainischen literarischen Zentren von Lwiw (ehemals Lemberg) und Iwano-Frankiwsk (ehemals Stanislau), die in den Jahren nach der Wende überproportional stark das literarische Leben des ganzen Landes geprägt haben, aufgenommen. Mit Natalka Bilozerkiwez, Oksana Sabuschko und Mykola Rjabtschuk kommen währenddessen wichtige Repräsentanten der Kiewer Literatur zu Wort; Serhi Schadan schließlich stammt aus Charkiw, dem östlichsten und auch kleinsten Zentrum ukrainischer Literatur in einer russisch dominierten Umgebung. Spätestens hier sei angemerkt, daß nur ukrainisch schreibende Autoren in diese Sammlung Aufnahme gefunden haben, wenngleich das literarische Leben in der Ukraine auch von Russisch schreibenden Autoren geprägt wird, die ihren eigentlichen Leser primär in Rußland und in Übersetzung manchmal auch im Ausland finden.

Ein weiteres wichtiges Auswahlkriterium, das mit der erwähnten Dichotomie von West- und Ostukrainisch nichts zu tun hat, ist die Zugehörigkeit der einzelnen Autoren zu bestimmten literarischen Generationen. Die zeitgenössische ukrainische Literatur wird bei weitem nicht nur von Gleichaltrigen geschrieben, und ein Unterschied von oft nur wenigen Jahren im Lebensalter kann die Zugehörigkeit zu einer anderen literarischen Generation bewirken. In unserer Auswahl sind, ungeachtet dessen, daß der Altersunterschied zwischen dem ältesten und dem jüngsten kaum mehr als zwanzig Jahre beträgt, drei Generationen vertreten, die das literarische Leben heute bestimmen. Von den Vertretern der älteren, kurz nach 1950 geborenen Generation, die bereits vor der Wende, zum Teil auch im Untergrund literarisch aktiv waren, sind Natalka Bilozerkiwez und Mykola Rjabtschuk aufgenommen; für die sog. Generation der 1980er Jahre (ukr. „Wisimdisjatnyky"), die eigentliche Generation der Wende, die schon vor 1991 viel Staub in der ukrainischen Literaturlandschaft aufgewirbelt hatte, stehen Juri Andruchowytsch und Oksana Sabuschko (beide sind 1960 geboren). Im Gefolge der „Wisimdisjatnykiy" hat sich bereits nach der

Wende in der West- wie auch der Ostukraine eine neue Generation herausgebildet, zu der Tymofi Hawryliw (geb. 1971), Halyna Petrosanjak (geb. 1969), Taras Prohasko (geb. 1968) und Serhi Schadan (geb. 1974) gehören. Daß sich aus einer altersmäßigen Gemeinsamkeit keine oder bestenfalls eine nur sehr vage künstlerische Ähnlichkeit bzw. ein nur bedingt gemeinsames poetologisches Credo ableiten läßt, sei in diesem Zusammenhang auch klargestellt.

Auch die Konzentration auf eine bestimmte Gattung, in unserem Fall die Lyrik, ist für den angestrebten repräsentativen Charakter nicht unerheblich. Zunächst scheint es aufgrund des üblicherweise kürzeren Umfangs lyrischer Texte angebracht, eine Anthologie vorwiegend auf Texte dieser Gattung aufzubauen. Dazu kommt ein anderes: Die ukrainische Literatur ist auch in den vergangenen Jahrhunderten wesentlich von der Lyrik bestimmt, und so verwundert es nicht, daß auch die bekanntesten zeitgenössischen Autoren Lyriker sind, wenngleich nicht ausschließlich. Während Bilozerkiwez, Hawryliw, Petrosanjak und Schadan im wesentlichen bei der Lyrik geblieben sind, haben sich Andruchowytsch und Sabuschko nach starken lyrischen Anfängen der Prosa und dem Essay zugewandt und gerade damit internationale Anerkennung gefunden. Rjabtschuk und Prochasko wiederum sind fast reine Prosaautoren, deshalb auch in unserer Auswahl nur mit Prosatexten vertreten.

So wie die ukrainische Dichtung wesentlich lyrische Dichtung ist, so ist die ukrainische Lyrik bis in die Gegenwart primär in gebundener, syllabotonischer Form verfaßt, was für die Übersetzung Probleme mit sich bringt — kennt doch die deutsche zeitgenössische Lyrik seit Jahrzehnten so gut wie keine gebundene Form mehr. Der Übersetzer ist also in diesem Fall zwischen den Prinzipien der Adäquatheit, die für eine gebundene Form in der Ausgangssprache eine ebensolche in der Zielsprache sucht, und der Äquivalenz, welche die Konvention der freien Verse in der Lyrik der Zielsprache als gleichwertig erachtet, hin und her gerissen. Im Falle dieser Auswahl fiel die Entscheidung zugunsten des ersten Prinzips, der Verzicht auf Reim und Rhythmus schien unzulässig, will man den vollen stilistischen Effekt des Originals wiedergeben. Dabei wurden allerdings Abstriche gemacht, die auch von den Originalen vorgegeben waren, wie der Einsatz unreiner Reime oder die Wahl unregelmäßiger Reimschemata, ganz abgesehen von den Texten, die auch im Original in freien Versen abgefaßt sind. Auch diesbezüglich unterscheidet sich die vorliegende Auswahl von anderen Anthologien dieser Art, und kann von daher als Ergänzung zu diesen gelesen werden.

Im Hinblick auf die Originaltreue haben wir uns für eine zweisprachige Ausgabe aller lyrischen Texte entschieden, die auch dem des Ukrainischen nicht kundigen Leser einen zumindest äußeren Eindruck von der Beschaffenheit des Originals vermitteln soll.

Juri Andruchowytsch (geb. 1960) ist nach den beiden ins Deutsche übersetzten Essaybänden „Das letzte Territorium" (2003), „Mein Europa" (zusammen mit Andrzej Stasiuk, 2004) der im deutschsprachigen Raum derzeit wohl bekannteste zeitgenössische ukrainische Autor. Die von ihm aufgenommenen Texte stammen hingegen aus den frühen 1990er Jahren, aus der letzten Phase der heute schon legendären Gruppe „Bu-Ba-Bu" (Balagan-Buffonade-Burleske), die Andruchowytsch mit zwei anderen Zeitgenossen begründet hatte und die ab den späten 1980er Jahren einen Neubeginn in der ukrainischen Literatur unter dem Vorzeichen der karnevalesken Umkehr traditioneller Vorstellungen proklamierte. Die Gedichte aus dieser Zeit sind wesentlich mit der Stadt Lwiw verbunden, in der Andruchowytsch damals studierte und lebte, bevor er in den 1990er Jahren in seine Heimatstadt Iwano-Fankiwsk zurückging. Versatzstücke aus der Architektur, der Geographie und der multinationalen Geschichte der Stadt Lwiw sind typisch für diese Texte, die eine postsowjetische Gegenwart mit einer ganz anders gearteten Vergangenheit in ironisch-persiflierender, aber auch melancholischer Weise konfrontieren.

Halyna Petrosanjak (geb. 1969) gehört zu den meistbeachteten lyrischen Debüts der mittleren 1990er Jahre. Sie greift mit ihren ersten Gedichten auf ein Thema zurück, das in der Westukraine eine lange Tradition hat: die Bergwelt der Karpaten mit deren eindrucksvoller Landschaft, welche für die Autorin, selbst aus einem abgelegenen Huzulendorf stammend, zur Chiffre für Gebundenheit an und zugleich Bruch mit einer regionalen Herkunft wird. Seit ihrem Studium lebt Petrosanjak in Iwano-Frankiwsk, lehrt Bohemistik an der dortigen Universität und gehört zu jener Gruppe von jungen Literaten, die man als das „Stanislauer Phänomen" – die spontane Eruption von jungen Talenten in einer bis dato bedeutungslosen Provinzstadt – bezeichnet. Ab ihrem zweiten Lyrikband (2000) erweitert die Autorin das thematisch–motivische Spektrum ihrer Dichtung beträchtlich, bleibt aber in der Regel bei der von ihr entwickelten typischen Form, die sich dem Duktus der Langzeile verdankt.

Tymofi Hawryliw (geb. 1971), einer der jüngsten der in dieser Anthologie vertretenen Dichter, kam aus seiner Geburtsstadt Iwano-Frankiwsk nach Lwiw, wo er bis heute lebt und an der Universität lehrt. Als Germanist hat Hawryliw viel aus dem Deutschen übersetzt – allen voran den Lyriker Georg Trakl, wobei er schon als Übersetzer jene große stilistisch-technische Begabung unter Beweis stellte, die auch für seine eigenen Texte kennzeichnend ist. Sind seine frühen Texte noch häufig vom Zauber der Stadt Lwiw geprägt, so stellt Hawryliw in den folgenden Lyrikbänden eine beeindruckende Vielfalt unter Beweis – von den kompliziertesten Reimschemata bis zu einfachsten freien Versen, von den großen Themen der europäischen Kultur bis zu aktuellen Anspielungen auf die ukrainische Realität. Seine poetische Prosa, von der ein Stück aufgenommen wurde, ist von einer ähnlichen stilistischen wie thematischen Komplexität. In den letzten Jahren hat Hawryliw auch Essays und literaturwissenschaftliche Arbeiten veröffentlicht.

Natalka Bilozerkiwez (geb. 1954) stammt aus der Ostukraine und lebt seit ihrer Studienzeit in Kiew. Schon mit 13 Jahren veröffentlichte sie ihre ersten Texte und galt schon als Studentin als eine der großen Hoffnungen der ukrainischen Literatur der 1970er Jahre. In Zeiten eines verstärkten Drucks auf die ukrainische Literatur in den Jahren der sogenannten „Stagnation" zog sich die Dichterin aus der literarischen Öffentlichkeit zurück und publizierte nur wenig, um nach der Wende von 1991 umso entschiedener zurückzukehren und zu einem Bindeglied zwischen der älteren und der jüngeren Generation zu werden. Bilozerkiwez' Texte sind von einer hohen formalen Qualität – zur traditionellen Syllabotonik kommen Binnenreim und Alliterationen, die eine starke Musikalität des Gedichts zur Folge haben und die Möglichkeiten ukrainischer Verssprache eindrucksvoll demonstrieren. Von ihren Themen her greift die Dichterin klassische Topoi der Weltliteratur ebenso auf wie aktuelle Anliegen, um sie in einer symbolisch abstrahierenden wie auch unmittelbar benennenden Redeweise zu thematisieren. Manche ihrer Texte wurden vertont und erlangten dadurch zusätzliche Popularität.

Oksana Sabuschko (geb. 1960) gehört zu jenen Autoren, denen es zu verdanken ist, daß Kiew den Ruf einer literarischen Hauptstadt nicht an Lwiw abtreten mußte. Von ihrem Studium her ist Sabuschko Philosophin und beweist ihre Kompetenzen auf diesem Gebiet in zahlreichen philosophischen und kulturwissenschaftlichen Essays. Als Autorin schreibt sie Lyrik und Prosa parallel und in gleicher Intensität, wenngleich sich ihr Bekanntheitsgrad primär im englischsprachigen Raum auf ihren Roman „Feldforschungen aus dem Gebiet des ukrainischen Sex" (1996) zurückführen läßt. Im Unterschied zu Autorinnen früherer Generationen vertritt Sabuschko einen dezidiert weiblichen Standpunkt, der sich in ihren Texten auf verschiedene Weise manifestiert. Ihre Lyrik, außerhalb der Ukraine viel weniger wahrgenommen als ihre Prosa, schwankt zwischen dem Bewahren und dem Aufweichen der gebundenen Form zugunsten eines stärker appellativen als meditativen Charakters. Aufgrund ihrer überdurchschnittlichen Produktivität, eines ebensolchen Selbstbewußtseins und einer internationalen Präsenz gehört Oksana Sabuschko zu den prägnantesten Erscheinungen des heutigen literarischen Lebens in der Ukraine.

Serhi Schadan (geb. 1974), der jüngste der hier präsentierten Autoren, lebt in der am weitesten östlich gelegenen ukrainischen Großstadt Charkiw (russisch Charkow) und gilt seit seinem ersten Lyrikband 1995 als eines der wichtigsten Nachwuchstalente. Mehr als andere Autoren seines Landes holt Schadan nach dem Westen aus, in verschiedenster Hinsicht. Gezielter als andere geht er auf den freien Vers zu und thematisiert mit Nachdruck eine ebenso postsowjetische wie postmoderne, globale Zivilisation, die in Konsumgegenständen und austauschbaren Versatzstücken omnipräsent und damit auch in der Ukraine anzutreffen ist. Demgegenüber steht die eigene, sehr spezifische und metaphorische Sicht einer Welt, die für den Autor primär ein Ort der Desintegration und nicht der Orientierung ist. In der Expressivität ihrer Diktion erinnert Schadans Lyrik bisweilen an die Avantgarde. Auch er hat sich in letzter Zeit der Prosa zugewandt und einen Band mit kurzen Skizzen veröffentlicht („Big Mac", 2003).

Taras Prochasko (geb. 1968) ist ein typischer Vertreter des sog. „Postmodernen Diskurses" in der jungen ukrainischen Literatur einerseits sowie des „Stanislauer Phänomens" andererseits. Person und Werk sind bei ihm, dem „wandernden Philosophen" und studierten Botaniker, besonders eng verbunden. Die Karpaten, die Prochasko von Kindesbeinen an immer wieder durchstreift hat, liefern das setting für seinen vielbeachteten Roman „Neprosti", aus dem diese Anthologie zum ersten Mal ein Kapitel in deutscher Übersetzung bringt. Im Unterschied zu vielen seiner Zeitgenossen verzichtet er gänzlich auf das Spiel und das Experiment mit der Sprache, um die Komplexität seiner literarischen Welt jedoch hinter bzw. unter einer einfachen sprachlichen Oberfläche aufzubauen. Dort ersetzen überzeitlich konstante Konstellationen eine Kausalität der Erzählung, verbinden sich mythische Figuren nur vordergründig mit historischen Ereignissen, um die ewigen Themen von Liebe, Leben und Tod durchzuspielen. Prochaskos erstes Buch ist erst 1998 erschienen, jede seiner weiteren Veröffentlichungen hat viel Aufsehen erregt. Im Titel seines bislang letzten Werks, des „Lexikon geheimen Wissens" (2003), könnte man eine Kurzformel seiner poetischen Welt sehen: Der Autor stellt den systematischen Zusammenhang zwischen all jenen Bausteinen einer Welt her, die es als solche erst zu entdecken gilt.

Mykola Rjabtschuk (geb. 1953) hat mit seinen gut fünfzig Jahren eine beeindruckende Karriere vorzuweisen: Literarisch seit den frühen 1970er Jahren tätig, wurde er wegen Publikation in einem Samisdat-Almanach aus der Polytechnischen Hochschule in Lwiw und einige Jahre später auch aus der renommierten Gorki-Literaturhochschule in Moskau ausgeschlossen. Mit Einsetzen der Perestrojka beginnt Rjabtschuks steiler Aufstieg zu einem der führenden Intellektuellen seines Landes, der als Gastprofessor auch an diversen amerikanischen Universitäten geschätzt wird und heute vor allem aufgrund seiner politologischen Arbeiten zur Identität der modernen Ukraine bekannt ist. Rjabtschuk verbindet in seiner Biographie Lwiw, wo er mit lyrischen Texten und Kurzprosa hervortrat, mit Kiew, wo er sich nach seiner Übersiedlung als Literaturkritiker, Journalist und Politologe einen Namen machte (er ist zudem mit der Dichterin Natalka Bilozerkiwez verheiratet). Die beiden von ihm aufgenommenen Texte zeigen sowohl den frühen Vertreter des literarischen Untergrunds mit satirisch-absurden Texten, dann aber auch den journalistischen Erzähler aus den späten 1990er Jahren.

Alois Woldan

TEXTNACHWEIS

Juri Andruchowytsch

Alle Texte aus: BU-BA-BU. T.v.o./.../ry. L'viv: Kamenjar 1995

Halyna Petrosanjak

PARK NA SCHYLI. Kolomyja: Vik 1996 (Ja ljublju cju dorohu
.../Ich bin verliebt in diese Straße ..., Žyttja c'oho mista u veresni
.../Das Leben dieser Stadt ..., Ja ščaslyva meškaty .../Mein Glück
ist es ..., Vdychajuči zapach chvoji .../Atmend den Duft von
Reisig ..., Sny v kinci lystopada .../Träume im späten November
..., My perejšli kordon .../Wir haben die Grenze überschritten ...,
Koly tut počnut´sja došči .../Wenn hier die Regengüsse anfangen
..., Oselja v horach .../Dorf in den Bergen ..., Nevidomych
landšaftiv .../Unbekannter Landschaften ...

SVITLO OKRAJIN. Ivano-Frankivs'k: Lileja 1998 (Zlamy liniji
horyzontu .../Die Bruchlinie des Horizonts, Tezej/Theseus)

Aus Manuskripten: Mij perekonlyvij včitelju .../Mein Lehrer ..., U
ruky toho .../In die Hände dessen ..., Mov ščoky starcja .../Wie die
Wangen eines Alten ..., Inkoly.../Manchmal..., Nyžče liniji zoru
.../Tiefer als das Gesichtsfeld ..., Rozpljuščujut oči irysy .../Weit
aufgerissen leuchten die Augen ..., Porušnycja pravyl .../Eine die
gegen die Regeln verstößt ...

Tymofi Hawryliw

ARABESKY PAM'JATI. Kyjiv: Spilka pys'mennykiv
Ukrajiny 1995: Rankove misto/Die morgendliche Stadt

ZAKONY HEOHRAFIJI. Ivano-Frankivs'k: Lileja 1997
Osinnij Favn/Faun im Herbst, Rozmova z Knjazem/Gespräch
mit dem Fürsten, Lebedyne ozero/Schwanensee, Korabel' Jevro-
py/Das Schiff Europa

HODYNA SAMOTNYCH. Charkiv: Folio 1998: Van
Gog/Van Gogh, Zban radosty/Krug des Freudentranks

Natalka Bilozerkiwez

ALERHIJA. Kyjiv: Krytyka 1999: Vyno anheliv/Engelwein, Saksofonist/Der mit dem Saxophon, Trojanda/Rose, Niž/Das Messer

HOTEL' CENTRAL'. Vybrani virši. L'viv: Kal'varija 2004: Vals'/Walzer, Hotel Central/Hotel Central, Ja pomru v Paryži/Ich sterbe in Paris ..., Elehija Pikasso/Picasso-Elegie, Došč/Regen

Oksana Sabuschko

NOVYJ ZAKON ARCHIMEDA. Vybrani virši. Charkiv: Akta 2000. Novyj zakon Archimeda/Das neue Gesetz des Archimedes, Vyznačennja poeziji/Bestimmung der Dichtung, Od takoji tosky .../Ein solcher Drang

ZNAK NEZAKINČENOSTI. Zbirka poezij. Kyjiv: Fakt: 2002: Druha Sproba/Zweiter Anlauf, Nače čytaju zboku svoje žyttja .../Als ob ich mein Leben..., V tych mistečkach .../In diesen kleinen Städten ...

Serhi Schadan

CYTATNYK (Virši dlja kochanok i kochanciv). Kyjiv: Smoloskyp 1995: Atejizm /Atheismus

ISTORIJA KUL'TURY POČATKU STOLITTJA. Kyjiv: Krytyka 2003: Istorija kul'tury počatku stolittja/Geschichte der Kultur vom Anfang des Jahrhunderts, Prodažni poety 60-ch/Die käuflichen Dichter der 60er Jahre, Serbo-chorvats'ka/Serbo-Kroatisch, Pol'skyj rok /Polnischer Rock, Elehija dlja Ursuly/Elegie für Ursula, Molodšyj škil'nyj vik/Grundschulalter.

Taras Prochasko

NEPROSTI. Ivano-Frankivs´k: Lileja 2002.

Mykola Rjabtschuk

DEINDE TI'LKY NE TUT ta inši opovidannja. L´viv: Klasyka, 2002: Žytlo/Die Bleibe

Vos'mero jevrejiv u pošukach didusja/Acht Juden auf der Suche nach ihrem Großvater, Almanach Jehupec, Jahrgang 7, 1998, Nr. 4

Zum Vorwort

Havryliv, Timofij: „Das literarische Dezennium. Die ukrainische Literatur von der Mitte der achtziger bis zur Mitte der neunziger Jahre des 20. Jahrhunderts." In: *Österreichische Osthefte*. Sonderband *Ukraine*. Hrsg. v. Peter Jordan/ Andreas Kappeler/ Walter Lukan/ Josef Vogl, Wien 2000, S. 577-607.

Zabužko, Oksana: *Chroniki vid Fortinbrasa. Vybrana esejistika 90-ch.* Kyjiv 1999. („Vchodit' Fortinbras", S. 21-26)

Zabuzhko, Oksana: *A Kingdom of Fallen Statues. Poems and Essays by Oksana Zabuzhko.* Toronto 1996. („Reinventing the poet", S. 81-87, „Enter Fortinbras", S. 88-92)

Karel Klostermann

Böhmerwaldskizzen
Mit einem Nachwort von Gerold Dvorak
2. Auflage, 179 Seiten, Leinen, EUR 14,90

Heiteres und Trauriges aus dem Böhmerwald
Oder: Der Böhmerwaldskizzen zweiter Teil
Herausgegeben und mit einem Nachwort von Gerold Dvorak
2. Auflage, 174 Seiten, Leinen, EUR 14,90

Der Sohn des Freirichters
Erzählungen
Deutsch mit einem Nachwort von Gerold Dvorak
197 Seiten, Leinen, EUR 14,90

Der Herr Professor
Deutsch mit einem Nachwort von Gerold Dvorak
234 Seiten, Leinen, EUR 16,40

Karl/Karel Klostermann
1848 – 1923
Herausgegeben von Gerold Dvorak
95 Seiten mit Abbildungen, kartoniert, EUR 9,90
Dieser Band enthält neben Beiträgen zur Biographie und Familie
Klostermanns auch drei Erzählungen von Klostermann, die nur in
diesem Band zugänglich sind: *Der Jude von S., Tierschau* und *Der
Heilige Abend des Kaplans.*

Verlag Karl Stutz Passau